除去心底隱藏的「不信」

U0134828

創世記
與我 ②

順服神的亞伯拉罕仍不斷遇上試煉，為什麼？

屬於亞伯拉罕的應許之地、

絕望中得子的神蹟、

獻子為祭的試煉，

有沒有可能也會發生在你身上？

你會立刻欣然接受？掙扎、抗拒？

在禱告中感恩而期待？

李 徹／著

目錄

序言

整本聖經是見證我們的頭——主耶穌基督的,也是見證基督身體——我們的(以色列和教會)。**創世記**是整本聖經的縮小本,創世記之後記載的六十五卷書,都是創世記救恩歷史的延伸和成就。因此,我們若不認識創世記就無法了解整本聖經,也無法了解歷史的主角——耶穌基督和祂的聖民(身體),因而也無法了解我們每個蒙恩之人的一生和永生的時光。

第一冊的精髓

在《創世記與我1》裡,我們分享了——

1.神的創造。

2.男女被造的原理和神所賜的應許。

3.人的墮落和神藉著女人的後裔——耶穌基督所預備的救恩。

4.洪水的審判和挪亞方舟。

5.巴別塔的變亂和義人的家譜。

第二冊的主軸

本冊《創世記與我2》所分享創世記十二章到二十四章都是記載亞伯拉罕生平的事蹟。

神先將祂創世以來造萬物和人的奧祕、靈界的背景和歷史都啟示我們（參考創世記一～十一章），然後祂再從萬民中揀選一位聖徒——亞伯拉罕，藉著他和他的家族後裔所預備、進行並成就的救恩善工詳細地記錄下來。那就是關於亞伯拉罕和他四代後裔蒙恩得救、與神立約、成聖並得成全的內容。**我們要知道亞伯拉罕和他後裔蒙神大恩的歷史，就是神在歷世歷代對每一個「在基督裡與亞伯拉罕同蒙呼召」的聖徒和他後裔裡所預備並要成全的恩典。**

亞伯拉罕、以撒、雅各、約瑟的神，就是我們的神；他們和我們都信靠唯一的基督耶穌，我們都是同為基督的身體。聖經把亞伯拉罕稱為「信心之父」，並非指他是「信心的始祖」（在他之前早有亞伯、挪亞等先祖），也不是因他信得完全（他也曾軟弱失敗過），乃是因為透過他和他的後裔，神把關於「因信稱義」的救恩和「恢復純正全備信心的過程」啟示得最詳細的緣故。基督耶穌才是唯一為我們信心創始成終的主。神是活人的神，亞伯拉罕、以撒、雅各如今仍然活著，凡信從他們所信的基督耶穌的聖徒都活著，也必

永遠與主同活。**神透過亞伯拉罕和他後裔啟示我們的教導和應許、並我們所信從的信仰原理是永遠不變的，也正活潑又有功效地運行在我們中間。**

從創世記十二章到二十四章，我們縱觀亞伯拉罕的一生，會看到從他蒙召開始，直到站在摩利亞山上，然後又將信仰、應許和祝福傳承到後代，他生命恢復基督信仰的整個過程。**亞伯拉罕能成為信心之父，乃在於「神呼召帶領，亞伯拉罕就信從」的互動裡成就出來的；沒有神的恩典，無一人能得成全；沒有人的信從，神的恩典就無法顯明發現。當我們研讀亞伯拉罕生平的時候，我們要特別關注「一切都是從神開始」的事實；神親自呼召並立約、帶領供應、潔淨醫治、恩膏使用，都是出於神主動的預備、帶領而成就的。亞伯拉罕蒙恩蒙福的緣由，並不在於「他比別人更加的殷勤行善」，乃是因為「他真信靠神和神的話，晝夜尋求神、得見神，並順從神」。**他比別人更清楚發現「自己的罪性和軟弱、世界的敗壞和已受審判」的事實，因此他懂得「認罪悔改、歸向神、依靠神」。為此他無論到哪裡去，必先「為向他顯現的耶和華築壇（建殿／穿上基督新人／全副軍裝），晝夜求告耶和華的名（靠聖靈隨時多方禱告，與神親交同行）」。羅得，雖然也是與亞伯拉罕同蒙呼召「屬基督」的義人，但為何他和他的後裔卻得不到亞伯拉罕、以撒、以色列和他們後裔得

以成為「萬福之源」的恩典？這都是因為他不懂得「築壇呼求主的名」而失去了凡蒙神呼召的聖民那非有不可「察驗神、得見神、信從神」的蒙恩生活原理。

亞伯蘭（一家之父）能成為「亞伯拉罕」（多國之父），不但因為他認真面對「從黑暗罪惡世界裡呼召他」聖潔慈愛的神耶和華，並且為了不忘記神的教導和應許，他築壇晝夜與神禱告、親密交通，察驗了神善良純全可喜悅的旨意，也良善忠心地跟從神、事奉神。**亞伯拉罕一生曾遭遇許多的艱難和問題，也經歷過信心的軟弱和失敗，但他超越眾人之處，就在於他懂得盡快來到神贖罪施恩的寶座前，尋求神的憐憫和引領，並在那種反覆得洗淨、得醫治的過程裡，信心繼續被精煉，使他生命裡的瑕疵不斷被煉盡而益發恢復基督的榮美。**

今天，神透過一位蒙恩聖徒亞伯拉罕生命的歷練仍然向我們說話，勉勵我們。若我們走在與亞伯拉罕一樣的信心道路上，神必照樣恩待我們，成全我們並賜福我們的後裔。研讀創世記十二章到二十四章的過程裡，願神透過亞伯拉罕的一生向我們強調的重點信息，都能成為我們的信心和生活原理，並成為我們的見證。阿們！

第十七章

亞伯拉罕的蒙召

耶和華對亞伯蘭說：「你要離開本地、本族、父家，往我所要指示你的地去。我必叫你成為大國。我必賜福給你，叫你的名為大；你也要叫別人得福。為你祝福的，我必賜福與他；那咒詛你的，我必咒詛他，地上的萬族都要因你得福。」……

（創世記十二章1～9節）

許多信徒雖有多年的信仰生活，卻沒有生命的變化，也看不到神所賜實際的祝福，仍活在困苦裡。實在是因為不清楚：（1）自己是誰；（2）既蒙神呼召，自己已經擁有了什麼；（3）永遠的將來應該享受什麼祝福。其實大部分的信徒從未正確地認識福音，甚至反而誤解福音，因此他們信仰生活的開始就已經錯誤，越久就越矛盾。

首先，聖徒務要知道，「福音」並非「因我誠實地相信耶穌而行善，所以神賜福我」，乃是「因我原來就是蒙神賜福的人，所以能聽而信到福音，也才能靠神行善」。其次，「信仰生活」亦非開始於人的敬虔或相信耶穌基督的「信心之力」，乃開始於「神的呼召」。經文說「耶和華對亞伯蘭說……」，不是「亞伯蘭呼召耶和華說……」，乃是「耶和華呼召亞伯蘭說……」。也非因亞伯蘭是特別虔敬而良善的人，所以神呼召他並賜福給他，乃是因在永恆之前神已經揀選亞伯蘭並定意要祝福他，所以他的時間表一到，神就向他顯現，也向他說話，並使亞伯蘭信了神的話且順服，因此他蒙受了神所賜的福。故此凡聽到福音而信了福音的人（不論以何通道和方法），都是創立世界之前，在基督裡蒙神揀選的人，也是神永遠的兒女、天國的子民，是要承受神永遠基業的後嗣。其實他們原是一群為了蒙受父神的慈愛和祝福而被造、重生、成聖的人。他們與生俱來的生命，就和世界滅

亡的人根本不同，是帶著特殊的本質。

　　當然，在這充滿罪惡、矛盾和黑暗的世界，神所揀選的子民無法得到完全的滿足，因此，在世界裡他們是哀慟的；而且他們所遇到的問題和矛盾，似乎比世界的人還要多；他們飢渴慕義地尋找永遠的生命和真正的平安；雖然，他們還是軟弱也會犯罪，但是他們擁有無法繼續虛假的正直、純真的生命；在創造主的面前，他們總是謙卑且渴望尋找神的愛與憐憫。所以，當聽到這藉著基督所顯明的神永遠救恩之福音時，他們會立刻瞭解也感恩領受。因他們認得出牧者的聲音，也相信牧者的信息而跟從。

　　從亞當到如今，無數神的兒女、天國的子民，出生來到世界，並得重生和成聖，事奉神所預備的善事，得著自己永遠的冠冕，再回到神那裡去了。且此救恩歷史，仍將繼續不斷地展開到耶穌基督再來、新天新地來臨的最後末日。無論屬於何時代、何民族，一切蒙揀選的神的兒女，不僅原來是「八福人」（參考馬太福音五章1～12節）的生命本質，且因聽而信了向他們顯明神慈愛和祝福的福音，得著凡重生的人都擁有的一個生命、一個眼光、一個思想系統了。他們同擁有一位父、一位主、一位聖靈，和同一個的生命目標和異象，同時每一個人不同的個性、條件和恩賜都聯絡得合式而成為一體，成全神永遠的計畫。在聖經裡，雖然曾出現許多

人物和事件，但其實聖經是講「一個人」的。那「一個人」的「頭」就是基督，「身體」就是歷史上所有接受基督的靈、福音和教訓的聖徒。

神藉著亞伯拉罕一個人，完全地啟示了：（1）凡蒙恩得救的人的蒙召和重生；（2）藉著神的話和聖靈的感動而逐漸成聖；（3）成全神所預備永遠的善事。聖經並非記錄亞伯拉罕個人偉大的一生，乃是說明：一個暫時死在過犯罪惡之中、在邪靈的首領之下生活的神的兒女（參考以弗所書二章1～3節），聽到神的聲音而蒙召出來之後，他的生命如何改變、如何成聖、如何承受永遠的祝福和基業。亞伯拉罕的一生，就是所有聖徒的一生，就是今日的我的一生。亞伯拉罕是「當時的我」，我則是「今日的亞伯拉罕」。但願，從神藉亞伯拉罕一生向我們啟示的信息中，發現神早已賜給我的永遠的應許，和今日仍在我生命中進行的永遠的作為，而快快地與神同行。

1.要離開本地、本族、父家

神對亞伯蘭說：「你要離開本地、本族、父家，往我所要指示你的地去。」神叫挪亞離開世界而進入方舟、叫羅得離開所多瑪和蛾摩拉、叫以色列離開埃及、叫我們不要愛世

界，乃是要預備永遠的國度。

　　但比離開世界更重要的，乃是要知道為何要離開？所以，重生的生命是從領悟「為何要離開」的奧祕而開始改變過來的。必先要知道這奧祕，才能瞭解神為何說我們要與世界分別，而受水洗、血洗、靈洗，才能看得見神的國（參考約翰福音三章3節）的理由。

　　聖經在還未記錄創世記十二章亞伯拉罕蒙召的事之前，已先闡釋創世記三章的人的根本問題、創世記六章的審判和創世記十一章的巴別文化，來說明叫亞伯拉罕離開的世界是什麼、是如何的屬靈狀態、將來的結局會如何。世界的人都落在創世記三章的根本問題裡了：他們都在邪靈的欺騙之下，不相信神的話而犯罪，成為肉體了（即靈死的狀態）；心裡時常受控告，居在內疚、懼怕、不安的狀態裡；肉身則困於疾病和死亡；生活辛苦於盲目、缺乏、變亂中；人際關係都破裂於推卸責任、比較、競爭、嫉妒、恨惡和彼此殺害中；未來被命定於永遠的審判、地獄的刑罰之中；他們的後代都在繼承祖輩屬靈遺傳的咒詛中。亞當的後裔所治理的世界，已經都在創世記六章的審判裡，並等待最後永遠的審判。因為亞當後裔所發展的世界，其目標、方法、知識、風俗、文化都是完全不認識神的創世記十一章的巴別文化，所以已經在變亂（巴別的意思）裡，且當人越認真要發展這世

界，則越帶來更大的變亂和矛盾。

因此，當我們正確地瞭解世界的本來面目、背景、狀態和未來的結局，才能真實瞭解：為何那些靠人的修養和善行想要得救的「宗教」，反而帶來那麼嚴重的咒詛；為何惟有基督捨命、死而復活的十字架福音，才能使人徹底地脫離世界的屬靈狀態和背景，分別出來而得著新生命，恢復神的憐憫和恩典。**「宗教」是人在完全不認識神的屬靈（靈死）狀態下，按著自己不認識神的世界哲學、倫理道德的標準，任意想像出來的理論基礎，附加邪靈的能力和作為製造出來的；而「福音」則是因人自己無法認識神，也無法來到神的面前，所以，神親自藉著基督的流血捨命和死而復活的奧祕，來向人啟示，叫一切相信的人能恢復聖靈和基督裡的新生命。**故此，「宗教」再怎麼以深奧的理論說服人，仍是不認識神的理論；再怎麼以完美的修養，想叫人徹底改變成為完全善良虔誠的人，仍在罪、審判、死的律之下；再怎麼行出各樣的奇蹟異能，仍在邪靈的能力之下。若沒有經過水、血、聖靈的洗及徹底的死和完全的復活而得著重生，絕對無法徹底地除掉罪根，也無法從「肉體」的無知無感裡活過來，更無法從魔鬼撒但的權勢裡完全得釋放。若不重生，無法看見神和神的國，也無法得著新的身分、新的歸屬、新的命運、新的基業、新的未來。

　　所以，神叫亞伯拉罕離開美索不達米亞的哈蘭，到神所指示的地去，並在那裡恢復「流血的祭」。綜觀亞伯拉罕的一生，是繼續離開、不斷丟棄的日子，每次他離開、丟棄的時候，就蒙受神所賜新的恩典和祝福。先是離開他的本地、本族、父家，來到迦南地，放棄了姪兒羅得而選擇神要給他的親生兒子，又放棄了屬肉體的以實瑪利而選擇應許之子以撒，最後連自己所愛的獨生兒子以撒也放棄而選擇了「基督」。我們若不能分別「糞土與至寶」、「暫時的與永遠的」、「罪與義」、「宗教與福音」、「死與永生」、「咒詛與祝福」，則無法瞭解到底該捨去什麼、要抓住什麼，從而我們無論怎樣努力不要愛世界，仍無法叫我們離開世界、與世界分別為聖。惟有我們徹底地瞭解世界的本來面目和背景，確認它的幽暗、醜陋的狀態、恐怖的捆綁、咒詛的結局，我們才能像《天路歷程》裡的主角「基督徒」，知道務要從那「已亡城」、「將亡城」裡逃跑出來，頭也不回地直奔永遠的天國。

2.要到我所指示之地去，成為萬福之源

　　神指示亞伯拉罕去的「迦南地」，是預表天國之地；也是使人得著救恩、成聖、永遠基業之地；更是神賜給亞伯

拉罕和他的後裔以色列之地；就在那地，以色列十二支派得
著他們的基業，其中又藉猶大支派的大衛而道成肉身來到世
界的神「耶穌基督」，出生於那地，在那地成長、事奉、死
而復活、升天，及將來再臨之地。迦南地的重要性不在於那
地方本身，乃在於藉著迦南地，神啟示了基督、神的子民和
天國的意義。事實上，神還未呼召亞伯拉罕之前，早就預備
了迦南地，如同神還未呼召聖徒之前，已預備了天上、地上
和永遠的祝福。因此得救所帶來的祝福，實在是超乎想像的
無限且永恆。神為著聖徒的得救，連自己的獨生子耶穌基督
也不珍惜而捨去了，宇宙萬物中，還有什麼不會賜給他們呢
（參考羅馬書八章32節）？正如以弗所書一章15至23節所啟
示的，那無限的指望、豐盛的基業、浩大的能力都為蒙恩得
救的聖徒預備了。

　　聖徒領受聖靈就必恢復神的生命和形像，也恢復神的兒
女、神的後嗣、天國子民、基督的身體、聖潔的國度、聖靈
的殿、君尊的祭司之身分；也要得著神完全的保護和聖靈的
印記，隨時隨地只要有心就能看見、聽見神，且能與祂交
通；按時得著一切所需用的供應，在凡事上會看見神的慈愛
和賜福；隨時隨事，靠著坐在寶座右邊的耶穌基督之名和天
軍天使的服事，能趕出一切邪惡的勢力而得勝有餘。聖徒在
地上所擁有的一切生活現場[1]、人際關係和所遇見的事，都成

為建立天國的神聖條件和事奉，也藉著這些事奉，將會得著永遠的冠冕和基業。

神使亞伯拉罕成為「萬福之源」，也藉著他賜福了他的妻兒、後裔和列邦。按著神與他所立的約，一切祝福他的，神就賜福他們，一切咒詛他的，神就咒詛他們。他的兒子以撒得了百倍的祝福；孫子雅各得了以色列（勝過神的意思）的名字，成為十二支派之父；曾孫約瑟征服了埃及和全世界；到了他的後裔摩西，在逾越節當夜，折斷埃及法老和所有家庭的長子的勢力，並帶著埃及的財物出來，到了迦南地，滅絕那地居民七族三十一個王，建立了大衛王國；也藉著從亞伯拉罕和大衛的血統而來的耶穌基督來成全了永遠的福音；其後又藉著亞伯拉罕的血統而來的十二使徒之事工，福音傳遍了列邦萬族，使萬民蒙受神的救恩到如今。

所以，今日有機會聽而信福音、屬於基督的人，就是亞伯拉罕的後裔，也是要照著應許承受神所賜的基業（參考加拉太書三章29節）。換言之，歷史是為他們並以他們為中心展開而進行的。如眾所周知，領受福音的羅馬祝福了全歐洲，歐洲的福音運動祝福了美國和全世界，建立在福音的根基上的美國，很快又成為世界最有能力的國家，目前正影響著全世界。而相反的，隨著福音的宗教化，羅馬逐漸衰退了，也隨著失去福音的力量，歐洲的勢力轉到美國新大陸，

可惜如今卻因福音的世俗化，美國在各方面都正走下坡。但
這福音的恩典經過五千年漫長歲月，終於來到處於黑暗和咒
詛裡的華人身上。當今二十一世紀，藉著華人，最後興旺福
音的歷史新篇正在展開。在這救恩歷史裡，福音的奧祕如今
向我顯明了，因此我就是今日的亞伯拉罕了。我就是要祝福
這時代和後來世代的「萬福之源」，我的家庭、家門、後
裔、列邦，必將因我的生命蒙受亞伯拉罕的祝福，並且這樣
的祝福和蒙福，每天正在我的生命和生活現場，及我的人際
關係和所遇見的事情裡成全著。

筆者認識許多成為「萬福之源」的人，也目睹他們所得
著的許多證據；且筆者本身，亦從我真正相信了「我是萬福
之源」的時刻開始到如今，已經確認了在我二十七年的信仰
生活裡，我的家庭和許多地區的人，藉著我的生命蒙受無限
祝福的證據，也天天持續到處見證這事。既然全能的神已經
進入我的生命，所以發生這樣的事，豈非理所當然？

3.築了一座壇，求告耶和華的名

**蒙恩得救的聖徒，單單一件事上成功，就必凡事上都成功
——禱告的成功。**

那些真認識「世界和天國的不同」的聖徒，會知道「非

禱告不可」的理由，是為了維持領受從天上來的屬靈的恩賜和祝福，才能勝過世界的引誘、矛盾、逼迫，他們會時常抓住神的話和基督的應許，也靠著聖靈隨時多方禱告，且享受「靠著那加給我力量的，凡事都能做」的奧祕。但是，雖然聖徒帶著已經永遠得勝的生命和身分，若不懂禱告的奧祕，則在地上的日子，必像羅得和倒斃在曠野的以色列百姓一樣，不得不失敗。

亞伯拉罕不但蒙受「萬福之源」之福，也掌握了如何享受無限永遠祝福的祕訣，就是無論到哪裡，首要之務就是築一座壇，求告耶和華的名。因此能時常聽到神的引導，掌握神的計畫，也願意順服跟從神。尤其他的獻祭和禱告並非外邦人所做的宗教活動，乃是藉著「燔祭」（流血的祭），仰望了彌賽亞基督福音的奧祕，因此，每當他禱告的時候，他就能恢復完全的聖潔、自由和能力，也能發現榮神益人建國（榮耀神、祝福人、建立神的國度）的具體計畫。他蒙召之前軟弱的生命和體質，亦越來越成聖而恢復神聖的目標、計畫和能力，直到他站在摩利亞山的時候，他已成為永遠的得勝者，享受了「萬福之源」該享受的一切福分，並將永遠屬靈的福分留給自己的後代。

試想同一個時代、環境及血統裡，同蒙救恩的亞伯拉罕和羅得，他們二人成功和失敗的關鍵何在？乃在於「以祭壇

為中心的地上生活」和「以世界為中心的生活」的迥異。而今日大部分的信徒不禱告，乃因不認識世界的本來面目、自己是誰、屬於哪裡、擁有哪些祝福和應許；也因不認識基督裡的成就和應許的奧祕，導致即使禱告也無法看見生命和能力的改變，更看不見禱告蒙應允。所以真懂得禱告奧祕的牧養者，不會只是力勸信徒多多禱告，乃要認真教導禱告之中享受應許、得能力、蒙應允的奧祕，更要關心和確認群羊是否時常經歷禱告的果效。

我們要知道，得救所帶來的所有福分，不在別處或將來才臨到，其實都隱藏在目前我所擁有的生命、一切條件和每天的生活裡，並且要享受那無限祝福的祕訣，就在於禱告。

主耶穌基督已經清楚教導我們不要做法利賽人或外邦人的禱告，乃要在每次禱告的開始就——先確認雖肉眼不能見、卻時常與我同在、又愛我到底的父神的臨在（**我們在天上的父**）；在我的生命和生活裡，尋找榮耀主的名、建立神國度、成全主美意的具體內容（**願人都尊祢的名為聖、願祢的國降臨、願祢的旨意行在地上如同行在天上**）；得著日用的靈力、智力、體力、財力、人力（**我們日用的飲食今日賜給我們**）；恢復愛神愛人的福音心腸（**免我們的債，如同我們免了人的債**）；用主所賜的各樣智慧和答案，解決一切問題，並用主的權柄趕出一切魔鬼撒但的勢力（**不叫我們遇**

見試探，救我們脫離兇惡）；又確認神所賜永遠的結論，也
要宣佈永遠已經得勝了，並將榮耀歸給父神（**因為國度、權
柄、榮耀全是祢的，直到永遠！阿們**）。

　　所以每當我們如此禱告的時候，我們會得著完全的自
由、權能，也能發現神在凡事上隨時隨地的計畫，並得著恩
賜和獎賞。

4.結論

　　當代教會的軟弱，是由於聖徒的軟弱；聖徒的軟弱，是
因他們不完全瞭解「得救所帶來的祝福」，也沒有「重生得
救的確據」，以至於不太懂得神兒女的身分、權柄、能力和
基業。

　　因此，**一個信徒認識重生和救恩的奧祕多少，他的生命
和能力會改變多少；而能認識重生和救恩的奧祕多少，就在於
他能分辨得救之前的咒詛和得救之後的祝福有多少。所以聖
徒務要在自己一生裡，多瞭解、體驗、享受重生的奧祕。**也
惟有那些真正瞭解世界的罪惡和虛空而歎息，並仰望神永遠
的慈愛、公義和天國的榮光的人，是真有福的人。他們就是
神在創立世界之前，在基督裡所揀選，永遠要愛、要賜福的
人了（參考以弗所書一章4～5節）。尤其是真正領悟了基督

完全的成就和基督裡的應許，是如何成就在我的生命和生活裡，並藉著每日的禱告祭壇享受那奧祕，又時常與神同行的人，就是要祝福一個時代的「今日的亞伯拉罕」了。凡遇見他的人都是有福的，而經常在他身邊、最受他生命影響的家人、肢體、親友，更是真有福的人，將來也必在他們身上看見──他們成為「萬福之源」的許多證據。

注解

[1]「現場」：是指人所處的各種不同的環境，可以分成七個現場：
（1）個人獨處的現場，（2）家庭的現場，（3）教會的現場，
（4）工作的現場，（5）遇見的現場，（6）地區的現場，
（7）世界的現場。

第十八章

蒙福的明證——
層出不窮的問題！

那地遭遇饑荒。因饑荒甚大，

亞伯蘭就下埃及去，要在那裡暫居……

（創世記十二章10～20節）

當神呼召亞伯拉罕的時候，給他應許說：「我將使你成為萬福之源——將透過你的生命，賜福你的家庭、地區、列邦、萬民。」亞伯拉罕信了神的應許，就離開父家到神所指示之地去了。之後，亞伯拉罕非但沒有看到神所賜的這福分，反而遇到了饑荒和許多問題。又如，以色列百姓相信了神所賜的應許，撇棄埃及的房屋、事業、一切生活基礎和人際關係，出了埃及。但是，這出埃及的以色列百姓所遭遇的，並非想像中的福樂，而是面對紅海、曠野及各種戰爭的苦楚。同樣，今日的許多人，因聽見福音信息所傳講的有盼望的應許，而相信耶穌基督，並開始了信仰生活，非但沒有看見所期待的亨通，反而遇到信主以前從未遇過的許多掙扎和矛盾。若從他們自己的眼光來看，好像非信徒的生活還更自由自在，似乎凡事亨通、健康長壽，也安然離世。為何如此？難道神是騙人的嗎？

一個蒙恩得救的信徒，在他所遇到的任何問題和矛盾裡，從得著「能看見神的引導和賜福」的祕訣時開始，才能真正在凡事上隨時隨地享受神所賜的各樣能力而過得勝的生活。

聖徒每天必會遇見各樣的問題：個人生命裡時常出現的不安、懼怕、苦悶；家庭裡的夫婦問題、兒女問題；事業上各樣的挑戰和困難；事奉主的日子裡所遭遇的矛盾和掙扎等等……你是否在諸般問題裡得著了主所賜絕對平安的答案？

藉著本章的經文，愛我們的父神將啟示我們一生務必抓住才能得勝的完美答案。

1.神真愛我嗎？

在本章經文中，敘述了一段世人難以理解和接受的狀況：亞伯拉罕因饑荒搬到埃及，生怕因太太的美貌而遭殺身之禍，於是欺騙埃及人說撒拉是他的妹妹。被騙的法老王和他的家庭因撒拉的事遭受了大災難，倒是欺騙他們的亞伯拉罕得著許多財物而歸。神為何如此偏愛亞伯拉罕，厭惡埃及人而降大災？豈是因亞伯拉罕比埃及人更敬虔、更善良？若細察本經文所描述的亞伯拉罕並非如此，其實是非常軟弱、不正直的；相反的，法老王和埃及人對待亞伯拉罕的行為，遠比亞伯拉罕更厚道、更溫馨。莫非神的處理是如此不公？藉著本經文神到底向我們啟示什麼？

神的作為不可能不公，乃是絕對的公平。事實上，答案很簡單而直接：因為亞伯拉罕是神所愛的，法老和埃及是神所厭惡的！

那為何亞伯拉罕能蒙受如此的憐憫和慈愛，埃及卻如此遭厭棄？亞伯拉罕之所以蒙神憐憫的理由，實因神愛亞伯拉罕；埃及被神厭惡的理由，是因神厭惡埃及，就這麼直截了

當！爾後，神又在新約羅馬書九章裡，非常明確地啟示這奧祕了：神用同一父母所生的雙胞胎以掃和雅各為例，來說明弟弟雅各蒙福、成為外邦人祖先的哥哥以掃受咒詛的理由，是因他們善惡還未做出來之前，神已經愛了雅各、厭惡以掃。

在羅馬書九章14至16節說：「這樣，我們可說什麼呢？難道神有什麼不公平嗎？斷乎沒有。因祂對摩西說：我要憐憫誰就憐憫誰，要恩待誰就恩待誰。據此看來，這不在乎那定意的，也不在乎那奔跑的，只在乎發憐憫的神。」也在羅馬書九章17至18節裡繼續啟示說：使法老王的心剛硬的理由，就是為了在法老的剛硬之中，拯救以色列而彰顯神對以色列的大慈愛，也要將神的名和權能傳遍天下。

那麼神是無故地討厭埃及（世界和非信徒）嗎？也不是！

神厭棄非信徒的原因和責任不在於神，乃在於人自己。埃及和世界之所以被神厭惡的理由，應追溯到創世記三章亞當不信神、隨從魔鬼並落在罪中。再者，並非神使原來順服神的法老和世界變成剛硬，讓他們敵對神和神的百姓以色列，乃是亞當和他的後裔起初已落在剛硬的心並敵對神的生命狀態裡，只是神任憑他們，他們就仍在剛硬、罪惡、審判、咒詛和死亡的狀態下行事為人。

其實，**不蒙神憐憫的人，沒有一個可以從罪、魔鬼、死裡得以釋放，即使再努力過善良、敬虔的生活，還是無法得著神的憐憫而得救。**

宗教，就是落在這種屬靈情況裡的人，已發現人的問題，為了使人得救而製造出來的理論及儀文。

宗教和福音，在其開始、過程和結果上都全然相反。

人製造的所有宗教均是以為：神看一個人的生命、行為或條件，才決定是否愛他、賜福給他。因此，為了得著神的稱讚和獎賞，務要認真過善良、敬虔的生活，以為是按「神的評價」來被決定是否得救或得獎賞。事實上，與他們所想像的恰恰相反，一切憐憫和賜福是在於——神決定要愛誰就愛誰，不在於人的行為、條件和表現。

惟有蒙神憐愛的人，才能從世界分別出來而得救，並因蒙恩、蒙愛、蒙福而成聖。無一人能任意自定日子和地點而出生到這世界；也無一人未蒙召就能自己聽見神的聲音而來到神面前；更無一人能定自己的壽命及要遇見的人或事而存活。神按自己的主權差派祂所愛的兒女來到世界，暫時任憑他們經歷這世界，然後以基督的寶血洗淨他們，使他們成為聖潔，並能擔負神所預備的善事，並賜給他們冠冕。

簡而言之，這得救的奧祕，若從人的角度來看，惟有那些蒙神慈愛的神的兒女，才能聽懂神的聲音，也才能相信而

來到神面前，透過神所成全的福音——基督的寶血得重生，飢渴慕義、愛慕父神的話，能領悟「父神的義」而成聖，更能領悟建立天國的奧祕而參與，結出許多生命果子而得著永遠的冠冕。

因此，亞伯拉罕並非完全人，而是蒙神慈愛的人，也是回應神的呼召而順從，並領受神一切祝福的人。到了神所定的時間，神向從來不認識神、被世界淹沒的亞伯拉罕顯明——呼召了他，因亞伯拉罕原是神的兒女，聽得懂神的呼聲，回應神的話而跟從了神。所以，**凡有機會聽見神所預備的耶穌基督的福音而相信並來到神面前的聖徒，都像亞伯拉罕一樣，是蒙受神所定永遠大愛的神兒女了。他就是神所愛的，神的慈愛已經藉著耶穌基督向他顯明了。只因他是神所愛的，所以永遠會遇到美好的事。**聖徒的信仰生活，務要從此確據開始進行，才能在所遭遇的一切事情裡，得著被神所愛的證據，才能過得勝蒙福的生活。

2.為啥問題這麼多？

神那麼愛亞伯拉罕，將祂一切的關心都集中於亞伯拉罕的身上，但是又為何要引領亞伯拉罕到那麼艱苦的境況裡呢？同樣的，在蒙受神永遠大愛的我們身上，為何也不斷出

現各樣艱難的事呢？

惟有我們更清楚瞭解神對我們的愛和祝福的內容時，才能瞭解神的帶領。神為所揀選的兒女預備的祝福，不只是地上短暫的日子，而是永遠的時光；也不單是肉身的滿足，乃是靈魂的興盛和堅強；更不僅對一個人有益處，乃是對後來的世代、後裔、肢體和天國所有的子民都有益處。

神呼召亞伯拉罕，並非只為他提供地上豐足、安樂的生活，乃是要藉著他成全永遠天國的事，也要將榮耀賜給他。所以神一呼召他，就使他成為萬福之源，也把藉著他賜福家庭、後裔、列邦的藍圖給他看了。為了成全這榮耀的藍圖，亞伯拉罕個人生命必要成為聖潔，並要恢復堅強的能力。

從創世記十二章所記錄亞伯拉罕蒙召的時候開始，一直到創世記二十二章所記錄他站在摩利亞山、獻上自己獨生兒子以撒為祭物的時刻，都因他在所遭遇的各樣問題裡經歷過的神的幫助，他的生命越來越成聖而堅強。在逐漸成為完全人的過程中，心靈上所經歷的不信、不安、懼怕，以及在經濟、戰爭、人際關係、人本主義、夫婦相處、兒女教養等等各方面所經歷的許多掙扎、危機和無可奈何中，他的生命不斷地成長，並得著將來祝福以色列和列邦的見證。

聖徒的爭戰，並不是與屬血氣的爭戰，乃是與那些執政的、掌權的、管轄這幽暗世界的，以及天空屬靈氣的惡魔爭

戰（參考以弗所書六章12節）。那些尚未得救而屬世界的人，是因為他們隨從這世界不認識神的思想、幽暗的風俗、順服魔鬼的首領——邪靈而活，所以他們所遇的苦難似乎比聖徒少。但天國子民因為原本不屬於世界和魔鬼，他們生命的動機、目的和方法完全不同於世人，活在地上的日子裡，每天會遇到各樣的試探和試煉。耶穌基督及所有的聖徒，都度過了同樣充滿試探和試煉的日子。耶穌在各樣試探和爭戰中完全得勝了，留下了最完美的榜樣，又在十字架上徹底打破了魔鬼的頭，掌握天上地下所有的權柄，現在正坐在寶座的右邊，統領天軍天使來幫助目前在地上正在爭戰的聖徒，並使他們得勝有餘。

當然，魔鬼和世界，絕無法勝過天國的子民。因為神的兒女們，因聽、信神那絕對的話語，且已開了靈眼，能分別天上與地上的事、永遠與短暫的事、有價值與無價值的事，也常能領受聖靈的教導和引領，這聖靈是因心裡領悟真理而動工在他們生命中的。

因為聖徒在地上所遇見的一切問題，都在神的許可之下才臨到，所以在問題本身，已包含著神所預備的答案、順從而得勝時所賜下永遠的冠冕和祝福。藉著繼續反覆的磨礪與試煉，聖徒那永遠燦爛的生命，終久必錘鍊成銳不可擋的堅強生命，並逐漸成為魔鬼所懼怕的對象。也因著越來越深地

享受禱告的奧祕，從神而來的絕對權柄，深植在聖徒的思想、判斷、言語裡，那生命所到達之處，就會挪開黑暗勢力，興起天國子民來。這就是神允許聖徒遭遇許多苦難的理由和目的了。因此，聖徒所遭遇的任何問題，必將帶來三十倍、六十倍、百倍美好的果子。

　　然而，在地上有兩種聖徒：其一，是不怕問題，卻乘著問題的波浪，每天結出美好生命果子而領取得勝的冠冕，進入永遠的榮耀裡；另一種聖徒，則時常沉溺於世界，也與世界妥協而受神管教，終至蒙羞黯然回天家。前者，不但他們活在地上的時候蒙恩，甚至榮返天國之後，更是因他們所留的見證和蒙福的屬靈遺產，許多蒙恩的後裔和門徒接踵而至；後者，雖然本人是如哥林多前書三章10至15節所述，因蒙恩得救能進入天國得永遠的安息，但是「像從火裡經過而受虧損」之羞辱的得救，並不能將蒙福的屬靈遺產留給他的後代。這兩種聖徒的差異，不在於生活的敬虔與熱心，乃在於生活之中如何能正確察驗神的美意和引導而順從、與神同行。其成功與失敗的關鍵，就在於禱告生活的成功或失敗，並且禱告的成功，也不在乎多麼熱心或多長時間，乃在乎有心正確地察驗到神的旨意、計畫和時間表，並順從而得著能力。

3. 在問題中得勝的祕訣

　　凡蒙恩得救的聖徒，是已經永遠得勝的生命。因他們是神所愛、最關注的生命，又因神一切的榮光和能力已經進到他們生命裡，誰也不能敵擋和傷害神所愛的兒女（參考羅馬書八章31～39節）。不管亞伯拉罕是如何的軟弱，神還是保護、賜福他。但他因不信而暫時陷入懼怕不安的狀態及失去妻子的危機，在外邦人面前非但沒有好的見證，反倒大蒙羞辱。從創世記十三章的記錄看到，所幸亞伯拉罕經過這次的經歷而醒悟過來，恢復了以祭壇為中心的生活，徹底地依靠神、順服神。

　　因此，聖徒因自己的身分、歸屬、生命原理的緣故，若與世界妥協必定會失敗，但若不與世界妥協，也會被淘汰或淪為外邦人的笑柄。所以聖徒務要得著從上頭來的能力，不是妥協或遭淘汰，反能影響和改變世界。

　　那麼，到底如何才能在任何情況裡得勝有餘並祝福周圍的人呢？那就必須領悟神在以弗所書六章10至18節裡向我們揭露的屬靈爭戰得勝的原理：

　　（1）不要以針對人或事情本身的方法來解決問題，乃要
　　　　　開啟屬靈眼睛，心存抵擋「天空屬靈氣的惡魔」的
　　　　　控告、暗示和欺騙的戰鬥意志。

（2）要穿戴因基督十字架寶血而得的軍裝：救恩的頭盔（重生的確據）、公義的護心鏡（從律法的捆鎖裡得自由）、真理的腰帶（在一切事情上神所賜的答案）、福音的鞋（一生的目的和方向：榮神、益人、建立天國），並要拿著信心的藤牌，和聖靈的寶劍，就是神的話，且擁有因領悟神的話和基督的成就而得的信心（定見）。

（3）靠著神所賜的定見而看凡事的時候，會得著聖靈的感動，正確地解釋一切事情和問題，而得著神所賜平安的答案。

（4）捨棄自己的動機和計畫（捨己），與神立約，完全順服，將一切的事都交託給主。

（5）隨時在凡事上察驗主的引導而順從。

上述的奧祕，絕非只是學習一套理論或知識，乃是必須要在我的生命、條件、生活、事情裡，實際地確認和經歷之後，才能逐步掌握和運用的。而唯一之道就是禱告。沒有享受禱告的奧祕，絕無法得著成聖、能力、得勝和冠冕。

故此，若要享受禱告的祝福，信仰生活的基礎和出發點是非常重要的。得救之後，藉著禱告首先要確認的，就是要將父神藉著基督福音所顯明的大慈愛，投射在我生命的過去、現在和未來，而得著其中所隱藏的、神向我顯明的更具

體、更實際的大愛。因此,我們必須:

（1）為過去一切的事,以感恩和讚美回應神。

（2）從現在的一切際遇中發現神的計畫和引導。

（3）對未來的事,有確信、交託和期待。

此外,我們要知道:**神應許給我們一切的祝福,能帶來這祝福的條件,並非將來有一天突然出現在我的眼前,乃是不論如何,都已深藏在我目前的生命、一切的條件和所有的人際關係裡了。**總之,比任何事更重要的,就是要開啟能發現這些奧祕的眼光,否則無法看見目前與我同在、天天成就重要新事的神,也無法跟從祂隨時隨事上的引導。直到有一天,我們真正開啟了這眼光,也有心順從時,才能更具體地在凡事上隨時看見神的引導,並能漸漸掌握神的時間表。

蒙恩的弟兄姊妹們!你是否已擁有這眼光,也天天享受與主同在、同行的喜樂?

第十九章

成功與失敗的關鍵

......亞伯蘭對羅得說：「你我不可相爭，你的牧人和我的牧人也不可相爭，因為我們是骨肉。遍地不都在你眼前嗎？請你離開我：你向左，我就向右；你向右，我就向左。」......　　（創世記十三章1～18節）

我們每天要面臨許多的選擇，有些選擇會影響我們的一生。**人生中最重要的選擇就是——神差派福音的使者，讓他聽見福音，並藉著聖靈感動，使他能領悟而決定選擇神、天國和永生。這惟有靠著神的恩典才能做到。**

凡未曾聽見福音或聽而不信的人，因還未認識神、天國和永生之事，只能在與神隔絕的狀態下靠著世界的原理而生活，因為這一開始就已經錯誤，所以他們的人生及其中所做的一切選擇都是建立在失敗的根基上。他們的生命早在尚未出生時，就已被罪、審判和死的律捆綁，終身的思想、說話和行事，都與永生的神完全無關，他們在地上生活的結論，是空手進入墳墓，永遠的結局，就是審判和地獄。

而凡聽到天國的福音成為神的兒女、進入基督救恩和慈愛之律的人，他們已經得著了天國和永生福樂的保障。但得救之後更重要的是要成全自己被造、蒙得救的目的，尤其重要的是重生得救之後，神不立即將他帶回天國而仍留他在地上的美意，是要讓他的生命在世界各樣的引誘、逼迫和問題裡，繼續不斷地選擇神、天國和永遠的冠冕，多學習基督而成聖，向萬民見證神的榮耀，將許多人領到神的面前，得著永遠的冠冕，並將蒙福的屬靈產業留給後代。所以，**神兒女的人生，並非一次信了基督就都完成了，更重要的乃是重生之後，在人生的每一個階段所遭遇的現場和事件裡，繼續不斷地**

帶著基督的眼光來判斷和選擇的全部過程。

　　因為神在祂揀選的子民身上有永遠的計畫，所以重生他們之後，仍繼續在許多問題裡精煉、潔淨他們。上篇的信息裡曾提及：蒙召後的亞伯拉罕遭遇饑荒，且下到埃及，並在軟弱懼怕中，經歷神的保護和引導而安返迦南地。他的生命中因著這經歷，恢復了更堅固的信心，回歸了以神為中心的生活，以致在面臨另一個人生轉折時，能靠神得勝有餘。話說因著豐盛的財物，他的牧人和姪兒羅得的牧人間，發生了一些紛爭的事。雖然亞伯拉罕和羅得在同一個環境裡生活，並一起蒙召成為神的子民，但在這關鍵性的時刻，他們的眼光和選擇完全相反，並帶來迥異的結果。這信息告訴我們：活在末世時代的神兒女，如何在凡事上做成功的選擇，並恩上加恩地過成功的人生。

1.非失敗不可的選擇

　　一個聖徒蒙恩得救之後，他們在地上剩餘的時光和生活裡，必有神非常重要的計畫和獎賞。但是，不懂這奧祕的屬世聖徒，不但不能享受每時每刻從上頭來的神的恩賜和賞賜，反而每天在神與世界之間，過著矛盾又痛苦的生活，遲早有一天，遇到非常關鍵性的時刻，便會做出引至嚴重失敗

的決定。

雖然，亞伯拉罕的姪兒羅得，也是與亞伯拉罕一同蒙召的神的子民，但是，他就是屬世、屬肉聖徒的代表人物。神藉著羅得那失敗的信仰生活，警戒後來所有的聖徒。終於，重要的時刻來臨了，羅得做了非失敗不可的決定。當亞伯拉罕給他自由選擇的時候，10節記載：「羅得舉目看見約旦河的全平原，直到瑣珥，都是滋潤的，那地在耶和華未滅所多瑪、蛾摩拉以先如同耶和華的園子，也像埃及地。」羅得就照著自己肉眼所喜悅的，選擇了所多瑪城。然而，非常不幸的，那地就如13節所講：「所多瑪人在耶和華面前罪大惡極。」由此可知：羅得生命世俗化的程度──他的眼光與耶和華的眼光完全相反。

其實，從亞當的生命犯罪、離開神、被邪靈捆綁的時刻開始，不認識神的世界從未有過一次成功，都是在審判、咒詛和失敗之中。不認識神的人，他們在世界越成功，越會得著失敗的結果；越健康、富有和長壽，越進入咒詛的結局。雖然他們無所不用其極地使用各樣方法來爭取免死，但仍無法不死，在離世的同時，他們一生那虛假的成功如雲霧般瞬間消失，只留下那永遠的咒詛和失敗的實像，突顯在他們眼前。

照著彼得後書二章6至8節，我們知道羅得也的確是蒙恩

的神的子民、永遠的義人，但他是失去神眼光的屬肉基督徒。原來，不是因著他選擇了「非失敗不可的抉擇」而失敗，乃是他時常帶著非失敗不可的眼光，在已失敗的世界裡繼續維持著失敗的生活罷了。搬到所多瑪、蛾摩拉以後，羅得更陷於極嚴重的矛盾和痛苦裡。一個重生的聖徒，或許有可能被世界的文化風俗引誘而居在其中，但絕不可能像世界的人一樣痛快地享受世界之宴樂。所以彼得後書二章8節說：「那義人住在他們中間，看見聽見他們不法的事，他的義心就天天傷痛。」他不但是在糊塗中度過心靈痛苦的日子而已，有一天竟發生了自己從未預料過的事。創世記十四章告訴我們，在他居住的地區，突然發生戰爭，一瞬間全家人成為俘虜，所有財產都被擄掠了。這次，幸好亞伯拉罕動員精兵拯救他，但是他仍未從中醒悟過來，仍不離開那神眼裡罪大惡極之地，繼續悶悶不樂地留戀在那城市裡，終於遭遇非常悽慘的結局。

　　如創世記十九章所記載，他所選擇的城市被硫磺與火燒滅，他一生所積攢的全部財物，以及他那將滅亡的預告當作戲言的女兒、女婿們，剎那間都與那滅亡之城一起被消滅；好不容易被主的天使強迫從滅亡之城逃難出來的羅得妻子，又因猶豫捨不得那城，回頭一看就變成一根鹽柱了；最後，逃難中活下來的他和兩個女兒，經過父女之間的亂倫所生之

孩子，就成為摩押、亞捫這外邦族的祖先，羅得蒙受的救恩再不能留給後代了。

羅得的事是何等的不幸？在當代進進出出教會的所謂「基督教徒」裡，許多人不認識重生的奧祕，生命生活與外邦人毫無二致，此外，在蒙恩得救的聖徒當中，也有許多人是像羅得一樣的屬肉、屬世的聖徒。他們不僅不能榮耀神，反在世界與神之間的矛盾裡，過著非常痛苦的日子。他們無法勝過世界的誘惑、自己肉體的情慾和邪靈的欺騙，而時常不安、懼怕和無能。已擁有「絕不會失敗的生命」的他們，在地上的日子裡卻是徹底的失敗。但因神愛他們而無法不糾正他們，所以拿著管教的杖打他們，使他們醒悟過來。若他們願意悔改而更新，則還能享受得勝的生活；否則，若繼續留在軟弱裡，神會將他早一點帶回天國，雖然自己一人得救而進天國，他的後裔卻不能領受蒙恩的屬靈遺傳。

綜觀以色列的歷史，我們不難發現神的子民是何等容易忘記神而變成世俗化，時常受到神的管教，就如神在以賽亞書一章5至6節的歎息之言：「你們為什麼屢次悖逆，還要受責打嗎？你們已經滿頭疼痛，全心發昏。從腳掌到頭頂，沒有一處完全的，盡是傷口、青腫，與新打的傷痕，都沒有收口，沒有纏裹，也沒有用膏滋潤。」我們要時常警醒診斷自己的生命，否則，在每天許多抉擇的十字路口，不選擇神卻選擇

世界，總有一天會遇到極嚴重的失敗。

2.非成功不可的選擇

亞伯拉罕的選擇非常單純且乾脆。他對羅得說：「你向左，我就向右；你向右，我就向左。」這意思是，無論到東西南北哪裡去都無所謂，因他深信且已確認：無論在哪裡，神都與他同在，且必保守賜福給他。

事實上，最成功的選擇，並非動腦筋尋找好的條件，乃是選擇神。因選擇神的緣故而遇到苦難，將得著更大的能力和祝福，其苦難越大，越得著豐盛的果子。其實，**人絕非因做對了選擇而成功，乃是不論條件或環境，「定意選擇神」本身就是成功的生命，因此在凡事上都會成功。**

羅得一離開了亞伯拉罕，14節，神就對亞伯拉罕說：「從你所在的地方，你舉目向東西南北觀看；凡你所看見的一切地，我都要賜給你和你的後裔，直到永遠。我也要使你的後裔如同地上的塵沙那樣多，人若能數算地上的塵沙才能數算你的後裔。」甚至連羅得經過認真考慮而選擇的那地，也全部屬於單一選擇神的亞伯拉罕了。從亞伯拉罕做如此美好的信仰告白和神賜給他永遠的應許之後，自創世記十四章起展開的所有事件實在是奇妙。不久，亞伯拉罕就成為能帶領

三百一十八家兵的大富豪，並拯救被俘的羅得；在全勝而歸時，又遇見基督的預表人物「麥基洗德」，並得著加倍的祝福，在外邦君王面前為神作了美好的見證；正如神的應許所賜，亞伯拉罕生出以撒和以色列，迦南地全成為他後裔的產業；耶穌基督藉著他的後裔降生在迦南地，成為列邦萬民的祝福，救恩的事工一直延續到了今日。

　　若我們相信，神真是神，以及我們是蒙神無限慈愛的生命，理所當然，我們應該選擇最容易且單純的方法──不管任何條件、環境或不信之人的話，只要隨時隨事順從神的話、神的方向、神的方法和神的能力。就如葡萄枝子只要好好兒地接在葡萄樹上，就自然會按時結豐盛的葡萄果子。可惜的是，大部分的信徒只瞭解這句話文字表面的意思，卻無法享受這話在自我生命生活中成全出來的祝福。

　　在筆者的生平裡，最重要的關鍵時刻，就是相信耶穌為永遠的救主而得著重生生命的時刻，其後，另一個關鍵性的時刻，就是自己決心真要將神當作神且一生單要專心跟從祂的時刻。在做這個決心以前，雖然我是個蒙神所愛的神的兒女，但是在神的面前的信仰告白、崇拜、禱告和讚美經常是虛假的，我的靈魂有著許多的掙扎、矛盾、無能及其帶來的呻吟。我深刻體會彼得三次不認主之後，掉入深深的黑暗中哭泣的痛苦。雖然，目前還是時常軟弱及不完全，但從我真

正決心「一生必要以神為中心生活」的時刻起，幾次面臨攸關生命之重大決定的時刻，都經歷了聖靈的幫助，使我惟獨選擇神所喜悅的道路。到如今已證明出來：我的人生中，那幾次關鍵性的選擇，讓我享受神無限的祝福，且正朝著未來繼續擴展及結出無限豐盛果子的方向發展。

對一個聖徒而言，最成功的人生，並非靠聰明或熱心，乃是靠相信神的話，得著因信神的話而來的聖靈的引導，並以基督的生命來面對所遇見的一切人和事。人無法看透時常同在卻看不見的無形世界（靈界），無法預知還未走過的明天。那憑什麼得著真正的平安與自由？無論在何種境遇裡，當我們單單依靠那掌管著無形和有形世界、也掌管明天和永遠、又愛我們的神時，才能勝過任何的狀況，得以享受絕對的平安、自由和喜樂，並能無限地期待神為我們敞開充滿豐盛恩典的明天。**在聖經和人類歷史裡，找不出任何一個喜悅神、期待神的人遇到失敗結局！**

3.成功與失敗的分野

那麼，如何才能選擇神？如何才能開啟靈眼、凡事上都明白何為神所喜悅的美意呢？那些已經向神委身的聖徒，時常飢渴慕義地尋求的，就是這奧祕。在本章的經文裡，我們

能得著答案就在第4節:「他又在那裡求告耶和華的名。」和第18節:「亞伯蘭就搬了帳棚,來到希伯崙幔利的橡樹那裡居住,在那裡為耶和華築了一座壇。」亞伯拉罕和羅得的差異乃在於此。亞伯拉罕能時常帶著成功的眼光且能做成功的選擇的祕訣,就在於他每天的生活都以祭壇為中心、禱告為中心運作。因為沒有禱告,我們絕無法察驗神的美意而順從,也無法享受神所預備的祝福。

反觀那些沒有連結於禱告的查經,只不過是得更多知識,而使人驕傲;沒有用禱告來確認過的讚美,只不過是虛假的聲音;沒有通過禱告的獻身,只不過是迷信、狂信的表現而已。**惟有透過禱告,我們才能確認神的同在和引導,才能聽懂神的聲音;凡事上會發現神的慈愛和祝福;在所遇見的一切人和事件裡,也會發現神具體的計畫。惟有藉著禱告,我們才能掌握該要選擇的道路,也能得著在那道路上該要祈求的禱告內容,且能看見超出所求所想的豐盛的應允。藉著繼續不斷地禱告,會越來越清楚地掌握神的帶領,從中會看見神所帶領正確的時間表和細密的引導。**

掌握禱告的奧祕是更重要的。禱告絕不只是熱心地祈求,乃要先領受主在「主禱文」裡教導我們的內容,來建立自己禱告的基本架構,然後藉著繼續不斷的禱告活動和經歷,越來越能掌握一步一步更深的境界。

　　禱告之前，首先真要以神為神，帶著絕對順從和交託的心態，也要深信祂是創造我、生我且愛我的父神，坦然無懼地來到祂寶座前，又要掌握向我顯現的基督的奧祕和聖靈的奧祕，而能看見肉眼看不見的神的臨在。

　　在禱告之中，藉著聖靈的感動，尋找在自己每天的生活中如何能更榮耀父的名；也尋找神的國如何降臨到自己所在的生活現場裡；也要察驗如何更愛人，如何尋找神所預備的肢體，來進行拯救、醫治、培養和差派他們的事工；也要祈求為著事奉所需要的日用的糧食，就是靈力、智力、體力、財力、人力；也要享受十字架福音的成全所顯現的神的愛和應許，來解決自己的軟弱，更要用十字架的愛來憐憫鄰居、包容肢體，也為著他們和教會福音事工代禱；用基督寶座的權柄，在任何屬靈的爭戰和生活的問題裡，得絕對得勝的答案；最後確認國度、權柄、榮耀都在父與我身上而結束禱告。在禱告之中，要看見且領受從天而來的各樣美善的恩賜和全備的賞賜。

　　禱告之後，必要享受絕對的平安、自由和喜樂而與神同行，並要期待前面時光裡神所預備更美好的恩典。

　　掌握禱告奧祕之後，也要掌握如何能緊緊跟隨主、與主同行的祕訣。已經堅定了終生的方向，也恢復了愛神、愛人和愛國度的心腸之後，在繼續不斷禱告的過程裡，神必讓我

遇見神為我安排的一群擁有同樣生命方向和愛主、愛人、愛國度心腸的同路人，一起建立起合神心意的教會（參考使徒行傳一章13～14節），與他們同心合意地恆切禱告，並一起裝備，在繼續維持聖靈充滿的過程中（參考使徒行傳二章1～4節），神將繼續敞開傳福音的門和得工人的門（參考使徒行傳二章5～47節）。當教會抓住神所賜的「個人福音化、家庭福音化、地區福音化、世界福音化」的異象來謙卑學習基督，努力要看見神自己帶領教會的作為而順從，繼續為著來教會的聖徒、他們的家庭、地區的福音化來同心合意禱告而尋求神的計畫和時間表的時候，神必大大地膏抹那教會的講臺，賜下時代性的「以馬內利信息」，緊緊抓住那教會祭壇信息而禱告的聖徒，必會看見神的榮光臨在自己身上、家庭和工作事奉之地。

對那種教會的信徒而言，與神同行的祕訣裡，最重要的就是一週七日的第一個時間——主日崇拜，從主日崇拜裡得著一個禮拜自己靈命的更新內容、生活事奉上要順服跟從主的禱告項目；其次是每天的第一個時光——早上禱告的祭壇，從中要得著一天裡神所安排的生活時程表；又要藉著多兩三次的定時禱告，和生活中的隨時禱告，享受與神同行，每天擴張自己永遠的基業和冠冕。如此的生活持續一段日子之後，就會明確地看見神具體的引導和正確的時間表，越來

越清楚且更深地掌握與神同行的奧祕，並能看見每天所敞開的傳福音的門，也會遇見許多貴人和同工，自己生命的疆界必繼續擴張到全世界了。所以，在一個禮拜的生活裡，最重要的就是主日祭壇生活的成功。從主日祭壇裡流出來的生命活水，要流進到我自己的生命裡，透過我的生命又要流到我的家庭，繼續流到我的所有生活、事業、事奉的現場，一直要流到所有的地區和世界了。

　　蒙恩的主日祭壇生活，應該從週六晚上開始，在禱告之中，再次確認本週祭壇禱告項目已經成全在自己生命和生活現場裡，為自己加倍得成聖和得能力的事而感恩，回想一週裡，為所發現的新恩典、所遇見之事、得著新的異象或計畫之事、神所成就之事、問題中得勝之事、多得恩膏和得冠冕之事，而預備感恩讚美的祭物，以使在主日崇拜裡的讚美和禱告，都成為又實在、又有活力、也能預備肢體交流時所用的活的見證；又要預備主日祭壇的奉獻（十分之一、感恩奉獻和宣教奉獻等），及預備主日的事奉；主日早上，在自己禱告祭壇裡，再一次將感恩讚美的祭獻給主，要期待主在主日整天要成就的大事，也要察驗當日要照顧、要祝福的人；崇拜三十分前到達聖殿，禱告、期待、等候崇拜之中要得的新恩典；在崇拜之中有五個重要的程序：

　　（1）**讚美**：因永遠的救恩和過去一週的恩典，與肢體一

同口唱心和地將感謝讚美的祭歸給主。

（2）**禱告**：以教會整體的感恩、讚美、祈求（為個人、家庭、地區、世界福音化）、得勝、期待的內容來同心合一地禱告。

（3）**領受信息**：以基督為中心的信息（確認得永生、應許、得勝、成聖、事奉、盼望）裡，得著一週裡多得成聖、多得果子的禱告項目。

（4）**回應**：用讚美和奉獻來告白——將自己永遠的生命交託、獻給主（再次確認自己生命是個活祭）。

（5）**祝禱**：領受聖父、聖子、聖靈所賜永遠的祝福，而宣佈自己已經永遠得勝了。

主日祭壇要連結於週間祭壇，也藉著教會小組、團體活動來享受肢體交流中所彰顯的神恩典；在各種傳福音、探訪、福音站的聚會裡，忠心地一起配搭而展開話語（福音）運動。

一週裡，在自己獨處的現場（個人祭壇＝個人至聖所）中，因主日祭壇的恩典，繼續要以基督寶血的成全、基督永遠的應許、聖靈的感動和恩膏來維持以馬內利證據和能力的充滿；也靠著獨處的至聖所裡的恩典，與家人要同享天國的喜樂和盼望；也在公司的同事、鄰居、親友之間，見證神的恩典和榮耀，來將神的愛和祝福分給他們。這樣的生命和生

活是何等美好！如此蒙福蒙恩的生命，絕不是單靠頭腦的瞭解就能享受其中滋味的，乃是只有靠著實際的禱告祭壇生活，才能漸漸多恢復的，越恢復就越能享受。

　　此時此刻，讀這信息的讀者們，因為神愛你，你才能有機會接觸如此從神而來的信息。若到如今，你還未正式回應給神，你要接受祂的救恩，現在是你一生中最好的機會，盡快敞開你的心門，接受耶穌基督的救恩，向主說：「我要永遠單單信祢，也要喜悅祢、事奉祢。」從上頭而來的平安、喜樂、賞賜就會充滿你的生命。

　　若有心要多認識主，或想要解決自己所面對的事，歡迎你與我們聯繫。已經在主裡面的肢體中，還未恢復這活的生命、活的祭壇、活的生活的聖徒們，無論在怎樣的條件或處境裡，只要你有心用基督十字架所顯現的永遠的愛和應許來照明你的現在，即刻就會發現主的愛，你就能開始恩典充滿的生活。但願你成為今日的亞伯拉罕，時常能聽見、看見、享受神那繼續不斷對你所說的話、為你所做的事和所顯的恩典！

第二十章

十分之一的信仰

……亞伯蘭殺敗基大老瑪和與他同盟的王回來的時候，所多瑪王出來，在沙微谷迎接他；沙微谷就是王谷。又有撒冷王麥基洗德帶著餅和酒出來迎接；他是至高神的祭司。他為亞伯蘭祝福，說：「願天地的主、至高的神賜福與亞伯蘭！至高的神把敵人交在你手裡，是應當稱頌的！」亞伯蘭就把所得的拿出十分之一來，給麥基洗德……　（創世記十四章1～24節）

神先預備了天上、地上、永遠的豐盛祝福之後造了我們，也重生了我們。蒙恩得救的神的子民，是神的兒女，也是神的後嗣，應當有資格享受神一切的豐富。我們的救主耶穌基督以神兒子的身分來到世界，雖然祂以「一無所有」的狀態來過地上的日子，但是祂享受了神所造的整個美麗世界和神按時供應的一切豐富，留下了最美好的模範，就是為使一切屬神的兒女成為富有。歷世歷代所有蒙恩的聖徒，無論在何種情況裡，也都享受了神所賜一切的豐盛，也時常將神的恩典分給周圍的人。

聖經中多處神賜福給所有蒙召兒女的應許說：「要生養眾多，遍滿地面，治理這地，也要管理海裡的魚、空中的鳥和地上各樣行動的活物。」（創世記一章28節）「我必叫你成為大國。我必賜福給你，叫你的名為大；你也要叫別人得福。」（創世記十二章2節）「你出也蒙福，入也蒙福。」（申命記二十八章6節）「凡你們腳掌所踏之地，我都……賜給你們了。」（約書亞記一章3節）「大海豐盛的貨物必轉來歸你；列國的財寶也必來歸你。」（以賽亞書六十章5節）。耶穌基督也說：「你們看那天上的飛鳥……野地裡的百合花……何況你們呢……」（馬太福音六章26～32節），使徒約翰也祝福聖徒說：「親愛的兄弟啊，我願你凡事興盛，身體健壯，正如你的靈魂興盛一樣。」（約翰三書一章2節）聖徒應當享受神所

賜一切豐盛的福分，並要以這福分來祝福萬民。然而，許多
聖徒不但不能享受這福分，還時常帶著貧窮的心過缺乏的生
活。其實，藉著耶穌基督的寶血，聖徒都已經從創世記三章
16至19節的咒詛裡，真實地完全得釋放了，也進入了神永遠
的慈愛和祝福裡，但因他們的心懷意念還未得醫治，所以仍
活在缺乏裡。

　　**聖徒真正得經濟的祝福，是從他的經濟觀得醫治之後才開
始看到的。**因為在經濟觀還未得醫治的狀態裡，所得經濟的
豐饒，反會害聖徒，所以**神不會賜給祂的兒女尚未經過「經
濟觀醫治」之經濟祝福。**呼召亞伯拉罕的神，還未賜給他經
濟祝福而使他祝福地區和後代之前，必要使他經過經濟觀醫
治的階段。就從創世記十二至十四章的記載，我們看見神的
訓練和引導。因此，信主之後，我們要快快通過這非經過不
可的訓練，經濟觀得醫治，才能享受豐盛的生命，並能將許
多人帶到神的祝福裡。

1.「經濟觀得醫治」的亞伯拉罕

　　呼召亞伯拉罕的神，叫他完全丟棄老我的思想、價值觀
和方法，而全然看見神的引導，要過與神同行的生活。神
說：「我必叫你成為大國。我必賜福給你，叫你的名為大；你

也要叫別人得福。為你祝福的，我必賜福與他；那咒詛你的，我必咒詛他……」（創世記十二章1～3節）過去在不認識神的世界裡，只隨從世界風俗生活的人，從蒙神呼召後，首先要受的訓練，就是清除靠自己、世界、人為的生活方法，而要掌握全然受神引導、保護和供應的生活祕訣。所以，神呼召亞伯拉罕之後，為了叫他快快得以享受神的引導和每天神所賜豐富的供應，在他身上先要著手的工作，就是要醫治他的經濟觀。

首先，使他透過饑荒所帶來的貧窮，而經歷神的供應和保護。為了逃避饑荒而下到埃及的亞伯拉罕，在怕被殺的恐懼和失去妻子的危機之中，經歷了神那完全的保護和供給，而回到迦南地（參考創世記十二章10～20節）。

然後，神又用相反的條件來訓練他，賜給他豐富的財物，使他遇見因財物的豐富而帶來的掙扎，以致不得不與姪兒羅得分手。那時他對羅得說：「你向左，我就向右；你向右，我就向左。」這句話是他經得起考驗的信仰告白，也就是說：無論在哪裡和何種情況裡，我都選擇全能的主宰神（參考創世記十三章1～18節）。羅得離開以後，神就賜福給亞伯拉罕，將他舉目能看到的東西南北全地都賜給他和他的後裔，一直到永遠。相信神的應許的亞伯拉罕，就搬遷帳棚至最適合事奉神之地（希伯崙幔利的橡樹那裡）居住，在

那裡為耶和華築了一座壇,繼續過以祭壇(禱告)為中心的生活。

後來,選擇世界的羅得,因出乎意料地在他所住的地區裡突然發生戰爭,而淪為俘虜,他所擁有的財產也全被擄掠。然而,以神為中心生活的亞伯拉罕,則越來越蒙恩,得著更多的財富,到了單單在他手下培養的家兵數目就達三百一十八人的程度。又當他帶精兵去拯救他的姪兒羅得,因神的能力使他大得全勝而回來的時候,所多瑪的王和至高神的祭司麥基洗德,出來迎接他。就如希伯來書七章1至3節所啟示,麥基洗德是一位預表耶穌基督的人,帶著餅和酒來迎接亞伯拉罕,並為他祝福禱告。那時,亞伯拉罕將他所得的十分之一歸給麥基洗德,宣告這一切的得勝和福分是都從耶和華而來;又將奪回的財物全數歸還所多瑪王說:「我已經向天地的主──至高的神耶和華起誓:凡是你的東西,就是一根線、一根鞋帶,我都不拿,免得你說:『我使亞伯蘭富足!』」(創世記十四章22~23節)果真在外邦人面前作出非常美好的見證。

在經濟上,通過如此經得起的考驗,得了完美的經濟觀之後,亞伯拉罕的一生不但不再有經濟上的困難,反而在凡事上看見神豐富的祝福(參考創世記二十四章1節)。且他那美好的屬靈生命和信仰告白,就是留給後代最好的「蒙福

的屬靈遺產」，他的兒子以撒，因他的緣故得了百倍的祝福（參考創世記二十六章2～5、12節）；他的孫子雅各蒙受了「以色列十二支派」的祝福；他的曾孫約瑟則成為埃及總理，掌管埃及大帝國的一切經濟來祝福全世界。

2.為何聖徒未蒙經濟祝福之前，必先要經濟觀得醫治？

神呼召聖徒之後，為何首先要求他們的經濟觀要得醫治？

對世界的人而言，「錢財」（瑪門）實在是強有力的「神」，使他們能得一切且能享受一切。但對神的兒女而言，未除掉「錢財之神」之前，絕對無法全然遇見神而享受神的一切豐富和榮耀。因為一個人不能事奉兩個主，不能事奉神，又事奉財物（參考馬太福音六章24節）。**一個人的經濟觀，不只影響他的經濟問題，連使他與世界分別得永生，並使他比愛萬物更愛神，而能時常與神交通，維持得勝有餘的生活，及結出許多生命的果子，而得永遠的冠冕等等永遠的事，都有著非常密切的關係。**故此，經濟觀未得醫治的人，非但不能享受經濟上的豐富，甚至每次他判斷決定事情時，必因自己的貪念而無法正確地判斷，而導致失敗的結果。所以，

主說：「駱駝穿過針的眼，比財主進神的國還容易呢！」（馬太福音十九章24節）

凡不認識神的非信徒，都落在創世記三章17至19節的經濟咒詛裡。事實上，**創世記三章17至19節的經濟咒詛，不是物質上的不足所帶來的缺乏，乃是由於人的創世記三章1至6節屬靈問題引起的「心靈上的貧窮感」所帶來的缺乏**。神天天用豐富的陽光和雨水來養育萬物，供應人各樣所需，但離開神、不懂神的供給和恩典的人，不但不能享受滿有智慧的管理，反而時常活在「缺乏感」裡。因此，尚未蒙恩的人所遭遇的缺乏，乃是由於不能填滿自己貪欲而來的「貪心性的缺乏」，也是由於愛與別人比較而來的「相對性的貧窮」，更是因在無謂事物上無知的貪求而來的「盲目性的、浪費性的不夠」。他們在不懂得「賞賜的和收取的都是耶和華」的無知和咒詛裡，為要多得一些東西，一生過辛苦勞碌的時光，拚命地積攢財物，結果也不能享受自己所積攢的，至終空手離世。他們留給後代的財物，只能成為兒女之間爭鬥的要因，也導致後裔驕傲、懶惰、浪費、無能的另一些屬靈的咒詛。

凡在基督裡蒙恩得救的聖徒，因為他們已經蒙受了神的生命，成了神的兒女、後嗣，並繼承了整個宇宙萬物和永遠國度一切豐盛的基業；不但如此，因為愛他們的父神永遠與

他們同在，必按時供應他們所需的一切，所以，他們都已從
創世記三章的咒詛、辛苦、缺乏裡完全得釋放了。然而，我
們卻時常看到矛盾中的矛盾，就是許多聖徒蒙受無限的慈愛
和祝福之後，由於經濟觀方面的疾病，非但不能立即帶著自
己所有的時間、財物、能力，進來神恩典的大海裡，享受神
一切的豐富，卻仍活在「缺乏感」裡。所以，醫治亞伯拉罕
的經濟觀而賜福給他的神，今日也一樣在呼召我們之後，將
亞伯拉罕所經歷過的各種訓練和試煉加在我們的身上。

**真正經濟上的祝福，並非等將來我們得著許多財物後才
開始的，乃是在任何時候，只要我們願意接受經濟觀醫治的同
時，我們就能看見神豐富的供應而享受。**

（1）首先，聖徒要確信：那位宇宙的主，且掌管人一切
生死禍福的主宰，就是生我、永遠愛我的父神，我
就是神的兒女，也是繼承祂永遠基業的後嗣。

（2）敞開靈眼，確認在宇宙萬物裡，父神為我所安排的
豐富，恢復主人的心而享受其豐富，並天天滿足神
所賜的日用飲食及生活所需而感恩（時常要記得：
主耶穌基督在「一無所有」的狀態下，全然享受父
神所造、所供應的一切豐富）。

（3）要將自己名義之下的財物，用在「榮神、益人、建
立國度」的用途上（當納的「十分之一」、感恩和

福音事工等奉獻、祝福幫助人等）；此外，對於自己所需用的，也要有計畫地管理（分辨是否該用，不浪費）。當我們將自己一生的目標定為「榮神、益人、建立國度」之時，會發現其實自己所需要的並不多，乃多有剩餘。

（４）當聖徒蒙神承認為「又良善、又忠心的管家」之時，神必將更多的財物交託給他，使多餘的財物能用在福音事工上。那時，外邦人掌管的被用於世界黑暗文化的經濟力量，逐漸集中流入以色列（聖徒的事業、做福音事工的教會）的倉庫裡，以致全世界經濟的流向都會以福音事工為中心而運轉（參考以賽亞書六十章5節）。歷史已證明：每次時代性的福音運動和宣教事工起來之前，經濟上的大復興必先臨到要主領整個福音運動的地區和國家，例如：以色列興旺的時代、初代教會的羅馬、十八至十九世紀的英國、十九至二十世紀的美國、二十一世紀的中國。

3.十分之一的信仰

一個聖徒得著經濟觀醫治而恢復經濟祝福之後，首要恢

復的信仰告白，就是「十分之一」。事實上，「**十分之一**」**並非奉獻，乃是神向所有聖徒要求的信仰告白，就是深信自己的生命和所擁有的一切時間、能力、財物都從父神而來，也應當為神的榮耀而用，並永遠屬於神**。將一切歸給神的生命告白，就是「十分之一」的信仰告白。所以，父神祝福所有蒙召的聖徒「從你們的收入中將十分之一歸給我」（參考申命記十四章22～23節；瑪拉基書三章10～12節）。

有人說：「十分之一」，是舊約時代的律法，所以不適用於新約時代的信徒。律法固然是從摩西時代開始的，但這「十分之一」，有應許的信仰告白，在比摩西早五百年的亞伯拉罕和雅各時代已有清楚的教導（參考創世記十四章20節，二十八章22節）。新約時代的耶穌基督，也在馬太福音二十三章23節說：不可廢掉這美好的信仰告白。況且以常人來思考，也能明白其中當然之理。如果沒有「十分之一」的經濟力量，那些辭去屬世工作、在教會裡全時間事奉的聖工人員和他們的家族，如何生活？怎能有經濟力量牧養聖徒、培養門徒、差派宣教士，來成全主唯一的目標——祝福萬民？故此，「十分之一」就是展開地區福音化和世界福音化事工的力量了。甚至可以說：「十分之一」，實在是對凡已信了耶穌基督而被證明為神的兒女、永遠天國的子民而言，是最起碼的信仰良心。其實，真正得著了永生和天國的聖

徒，不僅是「十分之一」，乃是願意將自己所擁有一切的一切都歸給主了（參考使徒行傳二章43～47節），並且這是理所當然的（參考羅馬書十二章1節；腓立比書一章21節）。

　　神的教會應該向信而得救的所有聖徒好好教導「十分之一」的奧祕，才能使聖徒蒙受經濟上的祝福，教會的財政也才能豐富而有力量地做各樣福音事工。因為**「十分之一」是神親自應許使聖徒蒙受經濟、靈魂、生活上祝福的重要通道。**瑪拉基書三章10節說：「萬軍之耶和華說：你們要將當納的十分之一全然送入倉庫，使我家有糧，以此試試我，是否為你們敞開天上的窗戶，傾福與你們，甚至無處可容。」當以色列民享受「十分之一」的祝福時，以色列國就富有強盛，將神豐富的榮耀向外邦人作見證；在教會的歷史裡，有許多見證：神將豐富的經濟力量賜給那些全然恢復「十分之一」的聖徒和教會，使他們擔任時代性的福音宣教運動。其代表的例子，就是歷史上最大的富豪洛克菲勒（John D. Rockefeller，1839～1937）的見證，在他的公司裡，單單計算他當納的「十分之一」的工人，就多達四十位，由此可知神將何等大的經濟力量賜給他，使他興旺一個時代的福音事工。

　　事實上，從聖徒正式開始繳納「十分之一」的時候，他不但能享受財物上的祝福，更重要的是從他有這信仰告白之後，在靈命上、內心裡，也在教會的事奉和事奉的能力上，

都能享受無限的祝福。不但自己得著永遠榮耀的冠冕，更將蒙恩的屬靈遺傳留給他的後代。我們從未聽聞連「十分之一」的信仰告白也無法做到的聖徒，能時常享受與神活潑地交通，也能看見神時常與他同在的證據，能盡心盡力地參與各樣的教會和福音事工，而自己蒙大福，也祝福許多人。

　　若今日你還未認識神，現在就來到神的面前，回應神藉著耶穌基督向我們顯明的大愛，而進入神無限的恩典中！若你是已經認識神而成為神的兒女的聖徒，但到目前仍落在缺乏、矛盾裡生活，快多認識重生的奧祕和重生所帶來的一切應許，而享受神一切的豐富！

第二十一章

建立在應許上的人生

這事以後，耶和華在異象中有話對亞伯蘭說：「亞伯蘭，你不要懼怕！我是你的盾牌，必大大地賞賜你。」……

耶和華又有話對他說：「這人必不成為你的後嗣；你本身所生的才成為你的後嗣。」於是領他走到外邊，說：「你向天觀看，數算眾星，能數得過來嗎？」又對他說：「你的後裔將要如此。」亞伯蘭信耶和華，耶和華就以此為他的義。耶和華又對他說：「我是耶和華，曾領你出了迦勒底的吾珥，為要將這地賜你為業。」亞伯蘭說：「主耶和華啊，我怎能知道必得這地為業呢？」祂說：「你為我取一隻三年的母牛，一隻三年的母山羊，一隻三年的公綿羊，一隻班鳩，一隻雛鴿。」……

耶和華對亞伯蘭說：「你要的確知道，你的後裔必寄居別人的地，又服事那地的人；那地的人要苦待他們四百年。並且他們所要服事的那國，我要懲罰，後來他們必帶著許多財物從那裡出來……」　　　　　　　　　（創世記十五章1～21節）

聽見而相信基督福音的聖徒，都是神在未創立世界之前所揀選且要賜福的神兒女，也是永遠天國的子民。所以他們都擁有了神為祂的兒女所預備的永生和永遠的應許，並能享受天上、地上、永遠的祝福。

雖然，神的恩典是如此的豐富無限，但每一個聖徒享受恩典的程度都各有差異，像保羅一樣的聖徒，蒙恩得救之後，活在地上的日子裡，能天天享受「常常喜樂、不住地與神交通、凡事謝恩」（參考帖撒羅尼迦前書五章16～18節）的生命，並能過「靠著那加給我力量的，凡事都能做」（參考腓立比書四章13節）的生活，並且用自己所擁有也隨時享受的福音能力來祝福當代列邦萬民，更祝福了整個教會歷史裡的所有蒙恩的人；另有些聖徒則非但不能享受神的恩典，其一生還被矛盾和各樣的問題捆住，辛辛苦苦地過日子。到底差別在哪裡呢？

在信仰生活裡，最重要的就是「神的應許」。沒有應許的查經，只不過是增加宗教知識；沒有應許的禱告，只不過是單行道的哀求；沒有應許的生活，只不過是在空中建樓閣。其實，聖徒時常飢渴，卻聽不見神的聲音；時常哀慟，卻得不著安慰；努力認真事奉，卻結不出果子來，全是因為他們的思想、人生目的和生活方法，都不建立於「神的應許」這堅固磐石的根基上。反之，無論在何種情況裡，一個聖徒只要

深信神的應許，應許成為他的定見，他必能看見神，也能聽見神的聲音，他的生命和生活均將活過來，而享受豐盛喜樂的信仰生活。

在創世記十五章1至21節裡，我們看到神與信心之父亞伯拉罕正式立約。神非常喜歡與自己的子民立約，因為與神立過約的聖徒，在凡事上都有定見，能正確地得著神的美意，也能成就神所要成就的事。亞伯拉罕與神立了約，他一生的生活，都建立在這應許的根基上。雖然，他仍會遇到各種軟弱、試探和艱難的時刻，但從神而來的應許總是他天路歷程裡的雲柱和火柱，在許多關鍵性的時刻托住他，使他得著神的美意而順從，能繼續享受後面神所預備的新的恩典和賞賜。因此，**應許叫人得著定見，定見使人清楚神的美意；也因對神帶領的確信，就能使人歡喜地跟從；信靠和順從，必帶來更大、更具體的神的應許和計畫，整個信仰生活的運作，就進入良性循環中，繼續不斷地發展。**

但願，此時此刻讀這段信息的所有蒙恩的人，都能確實地與神立約，不再徘徊於混沌、盲目的生活裡！

1.與神立約的亞伯拉罕

亞伯拉罕的信仰生活，開始於他聽見耶和華神的聲音並

相信之時。就像十二章1節「耶和華對亞伯蘭說」，十三章14節「羅得離別亞伯蘭以後，耶和華對亞伯蘭說」，十五章1節「這事以後，耶和華在異象中有話對亞伯蘭說」，每次亞伯拉罕都是先聽見了神呼召他的聲音。亞伯拉罕不但聽見了神的話，更是相信而跟從，就像十二章4節「亞伯蘭就照著耶和華的吩咐去了」，十五章6節「亞伯蘭信耶和華，耶和華就以此為他的義」。亞伯拉罕為要持續與神對話且願跟從神的旨意，無論何時何地都以禱告祭壇為中心過生活了。亞伯拉罕實在是個「非成功不可」的人，且過了「非成功不可」的生活。神為了給他成功而呼召他，向他顯明了「非成功不可」的應許，亞伯拉罕相信而跟從了，且為了緊抓「非成功不可」的計畫，時常以禱告為中心過日子，從而能聽見神的聲音。故凡像亞伯拉罕一樣，發現這奧祕而享受的聖徒，都是永遠「非成功不可」的人。

一切蒙召聖徒的信仰生活，都是從聽見、瞭解、相信神的話而開始的。其實，今日聖徒都已經比亞伯拉罕聽到了更多的耶和華的話（聖經），並且每天反覆地讀著、聽著，但為何已經聽見了從耶和華口裡出來如此奇妙的話語，卻仍看不見神的話語成全在自己生活裡呢？就是因為不以神的話當作神的話。反之，當他真相信的剎那，永遠的方向就被立定，便能踏出有確據的人生步伐，並能在凡事上得著答案來

判斷萬事，且當他相信而跟從神時，神的話必要成全在他的生活現場中；當他又有心要時常聽見神的聲音，而過以禱告為中心的生活，就能天天看見神為他個人所預備獨特的計畫和引導，並能隨時得著神的能力。若能掌握這奧祕，則信仰生活是非常容易的，並能結豐盛的果子。但不懂這奧祕而進行的信仰生活，從起初就已經錯誤，越久越有問題，越認真越會出現許多的矛盾。凡根基不立在神的話和應許上面的信仰生活，都是空中樓閣，也是虛假的幻影，並且因為沒有定見，也必時常被搖動（參考雅各書一章4～7節）。

在創世記十五章1至21節裡，神給亞伯拉罕的應許和計畫，比亞伯拉罕開始蒙召時所領受的應許（參考創世記十二章1～3節）更具體而細密了。當亞伯拉罕相信（參考創世記十二章1～3節）永遠的應許而跟從神的時候，神那信實的引導、具體的計畫、祝福的磨練和成全，就一一向他顯明。諸如：十二章10至20節在埃及發生的事；十三章1至18節因經得起與姪兒羅得分手之事的考驗而蒙受更具體的祝福；十四章1至24節的戰爭和勝利、大祭司麥基洗德的祝福和十分之一的信仰告白、在所多瑪王面前作出有力的見證……等等，都是神的應許加上亞伯拉罕的信從而來的實際成全。在十五章1至21節的應許，就比以前神給他的任何應許更具體、更細密：神就對他說，要賜給他的後嗣，必定是從他本身而出

的兒子；藉著他出來的子孫，必像天上的星一樣繁多；要
將迦南地十種族的地賜給他的子孫後代為基業；為了成全這
事，他的子孫將會經過什麼樣的過程。神賜給亞伯拉罕永遠
的應許，藉著他的兒子以撒和後裔以色列的整個歷史，果真
繼續不斷地成全了，並且直到今日仍具體地成全著。

**聖徒的信從會帶來應許的成就；以往的成就會開啟爾後祝
福的門。因此，起初神所賜的應許，必按著神所定的時間表，
一步一步更具體、更實際地成全出來。但聖徒還未信從之前，
神不會向他顯明祂那又細密又實際的引導，會先暫時隱藏著，
等候聖徒因信從所踏上的第一步。**

2.凡屬於基督的人，都一同領受神永遠的應許（約）

在創世記十五章裡，神向亞伯拉罕所顯明的應許，都與
將來要來的基督、屬於基督的天國子民有著密切的關係。再
者，那應許也啟示了兩千年之後藉著他的血統而來的基督、
基督要來臨之地和事奉之地、無數藉著基督要蒙恩得救的天
國子民要像以色列人出埃及一樣被分別為聖。

那麼，神為祂的子民所預備的永遠的慈愛和基業是什
麼？

（1）神對亞伯拉罕說：「僕人不能代替兒子，必從你本身所生的，才能成為你的後嗣」（參考創世記十五章4節），以此來啟示：世界上任何的思想或宗教，都不能代替「基督的福音」；那位「基督」，是必透過亞伯拉罕的血統（猶太人）而來，並且除了神所揀選的神的子民以外，無人能蒙受基督的恩寵而成為神的兒女。

（2）基督的奧祕，就在於「流血的祭」。所以，神用「流羔羊血的祭」的方法，與亞伯拉罕（全體聖徒的代表人）立永遠的約。再者，像那些被獻上的羔羊一樣，歷史上有一位基督，為著神所揀選的子民受咒詛、代死（參考加拉太書三章13節；彼得前書三章18節），且只有一群領悟了基督代贖的奧祕、願意與基督一同死而復活、擁有基督的思想和目的、為要活出基督的人，才是神所揀選永遠的兒女。人的行為或宗教的熱心絕不能使人得救而來到神的面前，只有那些蒙揀選的生命，才能藉著「有機會聽到福音，能領悟其奧祕，並相信而接納」，被證明為神的兒女。

（3）基督必要藉著亞伯拉罕的血統來到世界，而且基督必要來到神賜給亞伯拉罕和他後裔的迦南地，並會

在迦南地出生、成長、事奉、死而復活、升天、再
來。並非因迦南地的重要，基督才來到那地，乃因
基督和以色列的事都要成全在那地，所以迦南地才
重要。

（4）之後，神用漫長的人類歷史，來啟示基督、基督
的子民和他們國度的事，那就是亞伯拉罕的後裔
（以色列）後面幾百年的歷史。話說，亞伯拉罕的
孫子雅各（又名以色列）的七十名家人移居到埃
及，四百年之後，他們成為幾百萬人口的巨大民
族，出埃及又回到迦南地，神藉著這個歷史全貌
（Panorama），來啟示神的聖民如何能得救、成
聖和得基業的奧祕。誠然，人的能力和努力，甚至
神所行那九個極大的神蹟，也無法折斷法老王剛硬
的心。惟有在逾越節晚上，以色列人將羔羊的血塗
在門楣、門框的那夜，神差派天使越過以色列人的
家庭，擊殺沒有塗過血的法老王及所有埃及人的長
子。就在那夜，以色列反因法老王的懇求，收取埃
及人的財寶而出埃及（得救的奧祕），過紅海並
將埃及殘餘兵力都葬在紅海裡（受洗的奧祕），
過四十年曠野的路程（聖徒在地上時光的天路歷
程），滅殺迦南十七宗族三十一個王而征服迦南地

（聖徒屬靈戰爭的得勝），按支派分迦南地的基業
（聖徒要領受的永遠天國的基業和冠冕）。

從創世開始到基督再來的人類歷史，都是為見證基督、屬基督的子民和藉著他們建立的永遠的國度而存在的。

雖然，基督是藉亞伯拉罕的血統而來的亞伯拉罕後裔，基督卻是亞伯拉罕一生所依靠的神，更是他生命、能力和基業的主。所以，約翰福音八章56節耶穌就對以色列人說：「你們的祖宗亞伯拉罕歡歡喜喜地仰望我的日子，既看見了就快樂。」這是尚未蒙恩的人絕無法瞭解的信息。亞伯拉罕的一生，就是單單仰望著基督永遠的國度、國度裡的榮光和獎賞的日子，並且，亞伯拉罕自己，就是被基督的福音和基督的靈充滿，也成為基督的僕人，靠著基督的能力而成全了永遠的基督之事。所以，無論身居何時何地，凡神的子民的生命和他們一生所遇見的事，都是為著成全基督的事而存在的。

亞伯拉罕之後，過了兩千年，按著預言和神所定的時間表，基督就帶著「神成為人的樣子」來到世界，取了「耶穌」的名字，以所有蒙恩人的長兄的身分，將最完美的形像給人看，顯現神的生命和能力是怎樣完美地居住在一個人裡面的奧祕（人按照神的形像被造的奧祕）。基督以帶著肉身的生命，將看不見的神的奧祕都顯明出來；以神的兒子（也

叫人子）最完美的生命和生活，來闡明成為神的兒女的聖徒應該怎樣活；又教導了天國怎樣彰顯在地上的生活裡，及將來要來的永遠天國的奧祕；以福音清楚解釋父神之神聖計畫和美意，神完全的公義和無限的慈愛，也在十字架上代死，永遠解決了所有神的兒女們罪的問題和受審判、死亡的事，又藉著復活使神的兒女們恢復神永遠、無限的祝福；並且教導神的兒女如何靠著聖靈過與神同行、活出基督的樣子、得勝有餘的生活；也將傳福音、召聚神的子民並教導他們的事託付給門徒；然後升天，掌管天上、地下所有的權柄，藉著聖靈與門徒同在、同工，直到福音傳遍天下萬民，得救的人數得滿足，最後會再來世界而結束地上的歷史，帶領所有蒙恩揀選的神子民進入永遠的國度，在永遠的榮耀中，與他們一同做永遠的新事。

加拉太書三章29節說：「你們既屬乎基督，就是亞伯拉罕的後裔，是照著應許承受產業的了。」凡靠著亞伯拉罕的信心蒙恩得救的人，都擁有同一個應許、目標、方法了。從他們相信神而跟從的時候開始，神的應許就成為他們的生命、能力和冠冕，而能享受奇妙豐盛的生活。

3.基督的應許，天天成就在我今日的生活裡

亞伯拉罕是當時的我，我就是今日的亞伯拉罕。在本章的經文裡，**亞伯拉罕所領受的應許，就是今日神賜給我的應許，並且在我的生命、家庭、教會、職場裡，每天所遇到的事情，就是那應許的成就了。**

神藉著我的生命，將會生出屬基督的後裔，藉著我的兒女、我所生的信徒和所培養的門徒，將在列邦萬民和後來的世代中無限地擴大，藉著他們的生命，我將會得著永遠的基業和冠冕。

為了祝福後來的生命，在我今日的時光和生活現場裡，有我該要克服的許多問題和挑戰。我藉著神透過聖經給我的信息，便會得著以下絕對的定見和眼光。

（1）「個人福音化、家庭福音化、地區福音化、世界福音化」，就是神為我一生所定的絕對的目標，我在地上所遇見的一切事，都是為成全這目標而存在的。

（2）在凡事上，神成為我的盾牌和賞賜（參考創世記十五章1節），將來在我身上都會成全。

享受成功的信仰生活的關鍵，就在於每天的生活裡，正確地看見神所賜應許的成就。為了正確地看見而享受，最重要的

就是得著有定見的眼光。

　　我之所以經常無能、失敗的原因，就是時常受我的條件、所遇見的事件、周圍人或環境的欺騙而搖動。但是，**神的應許是永遠的，也是絕對的，那麼，所遇見的事情、條件和環境，其實是神成就應許的條件和過程。我們必要以應許來判斷所有的事情和條件，萬萬不可根據事情表面運作的好壞，來判斷應許的真實與否。**

　　如果我是已經認識基督、相信基督的人，那麼，「神永遠與我同在，並永遠愛我、賜福給我」是永遠絕對不變的事實；如果我是已經屬於天國的人，那麼，理所當然地，要好好利用在地上所遇見的一切事情和條件來預備天國，這也是絕對的事實；既然聖靈的感動、基督寶座的權柄和天軍天使的伺候時常與我同在，這也是事實中的事實，那麼愛神、愛人是神最關注及為我定的絕對旨意，而且只要我願意，在任何的情況裡，我都能愛神、愛人。帶著從中得著的絕對眼光來看我的過去、現在和未來，則能將過去一切的事都變成感恩的事，將現在所進行的一切事都成為以馬內利的證據和讚美，未來將發生的事都成為今日我的盼望；也帶著這絕對的眼光來看我的生命、家庭、教會和事業時，神的大愛在凡事上都會彰顯出來，有時帶來安慰和賞賜，有時又帶來訓練和更新。因此，在凡事上都能看見神的作為，而歡喜快樂

地與神同行。同時，周遭的人，都能看見我的感恩、喜樂和盼望，也能聽見我的見證，聖靈也在聽見證的人的心靈裡動工。因此，我的家庭就成為天國，時常享受從上頭來的各樣恩賜和賞賜，家庭的蒙福又成為教會和地區的祝福。神所揀選的子民逐漸增多而相聚，重生人、醫治人和培養門徒的事工繼續不斷地興起。

向亞伯拉罕顯明的神，也在每天、每月、每年，將越來越具體和細密的計畫與時間表向我顯明，我的「信心之眼」也越發能看清楚那又大又難的事所展開的脈絡和趨勢。

總之，**聖徒的信仰生活，是以應許的事實開始、以應許的成就進行、以已得的應許果子敞開新應許的門。**惟有對已經聽到神的話有「相信而跟從」的回應，才能成為在這整個過程裡繼續打開新恩典之門的鑰匙。阿們！

第二十二章

「不信」之果

　　亞伯蘭的妻子撒萊不給他生兒女。撒萊有一個使女，名叫夏甲，是埃及人。撒萊對亞伯蘭說：「耶和華使我不能生育。求你和我的使女同房，或者我可以因她得孩子。」亞伯蘭聽從了撒萊的話。於是亞伯蘭的妻子撒萊將使女埃及人夏甲給了丈夫為妾；那時亞伯蘭在迦南已經住了十年。亞伯蘭與夏甲同房，夏甲就懷了孕；她見自己有孕，就小看她的主母⋯⋯

　　耶和華的使者對她說：「⋯⋯你如今懷孕要生一個兒子，可以給他起名叫以實瑪利，因為耶和華聽見了你的苦情。他為人必像野驢。他的手要攻打人，人的手也要攻打他；他必住在眾弟兄的東邊。」⋯⋯

　　　　　　　　　　　　　（創世記十六章1～16節）

人的一切問題，都是由於不認識神、不相信神、不跟從神而來。今日我所遭遇的問題，並不是我自己認為的那些人、環境、條件所帶來的問題，乃是在那種情況裡不能看見神的慈愛、引導、全能和祝福的問題。

人是被造為「必要活在神的話和聖靈的引導之下」的生命，無論在怎樣的問題裡，只要決心相信神的話而順從神的同時，就馬上能恢復靈裡的力量，也能得著心裡的平安和喜樂，在生活上也才會看見神實際的引導和慈愛，且只要繼續信而跟從，周圍的人便會漸漸改變，條件和環境也會改變，事情會逐個地都好起來。

但問題是人人都不認識神，也不能遇見祂。因從出生開始，人就不認識神，也在不認識神的狀態裡過一輩子的時光直到離開世界。就算有些人已知道有神，然而，對「祂是怎樣的一位神」、「怎能遇見祂」及「怎能與祂交通而同行」完全無知。這是因為第一人亞當，受到魔鬼的欺騙，以致不相信神的話且不順從神所帶來的問題。故此，「不信」會帶來與神關係的破裂，與神隔絕的人失去了一切的一切。「不信」會帶來屬靈的問題，因為「不信」的背後必有邪靈的作為，「不信」的人就被捆在邪靈的權勢之下，也將承受「不信」之果，並會與魔鬼同受審判。凡居在「不信」狀態的人，他們的思想、判斷、言行，不但都是錯的，也都在敵擋

神。這「不信」的問題，臨到了亞當和他所有後裔的生命裡，結果人都失去了神的話和聖靈（即靈死），成為「肉體」了，不再認識屬靈的事，也無法靠著自己的聰明認識神，更無法領受從神而來的能力和祝福。若非神主動除去人的屬靈問題，重新給人神的話和聖靈，人絕對無法認識神、遇見神。在這都死在「不信」裡的人群中，神揀選了祂永遠的子民，為他們預備了耶穌基督那「救恩的道路」。

耶穌基督來到這世界，將眼睛看不見的神的形像顯現出來，傳講了神的話，教導了神永遠的計畫和天國的奧祕，藉著自己流血、受死而解決了凡信「羔羊的寶血」、「十字架寶血」的神之子民的罪、受審判、受死的問題，第三日從死裡復活，恢復了天上寶座的權柄，打破了魔鬼撒但的一切權勢。耶穌基督藉此敞開了一條又新又活的道路，使神永遠的兒女們恢復神的話和聖靈（即靈活過來），從而能與神交通、與神同行，並能永遠享受天上一切的榮耀。

凡聽而相信基督福音、願跟從神的人，實在是有福的，他們就是神要永遠賜福而揀選的神的兒女了。他們活在地上的日子裡，因為神的話和聖靈與他們同在，他們也擁有了基督一切的奧祕和權柄，所以在凡事上都能得勝，也能享受天國的榮耀。因為這世界本不是聖徒所屬的地方，所以會有苦難和矛盾，但是，因為神的能力和天使的保護時常與他們同

在，所以在任何情況裡都能得勝，他們所遇到的苦難將會成為眾肢體的祝福，也成為他們的冠冕。

一個聖徒若真在基督裡得著了正確的信心，就能像保羅一樣——靠著那加給他力量的，凡事都能做。但是，一個人從初步認識基督之後，達到這種完美的境界，都需要一段經得起考驗的過程。在本章的經文裡，神藉著信心之父亞伯拉罕的「不信」和「不信」所帶來的結果，警戒我們後來世代的眾聖徒。亞伯拉罕並非完全人，乃是蒙恩的人，他還未完全獲取神賜給他那永遠的應許之前（還未得應許之子以撒之前），神必先除掉他心裡隱藏的「不信」之根。當然，凡相信耶穌基督的人，都已得著了與亞伯拉罕同樣一個完美的應許，但在尚未恢復正確的信心以前，心裡所盼望那完美的平安、自由、豐盛和得勝的生活，總是耽延不來臨。

1.亞伯拉罕的「不信」和其背後的問題

神賜給亞伯拉罕永遠的應許，然後每天將那應許成就在他的生活裡。神與他立約說，使他成為「萬福之源」，並且因著他，妻子、兒女、後裔和萬民都要蒙福。

當亞伯拉罕信從神的同時，那應許已經成全了，必按神的時間表一步一步在他的生活裡實現出來。他為著不要失去

神的引導，而以禱告祭壇為中心生活，雖然經過許多艱難的過程，仍然得勝而為神作了美好的見證。又因為他在蒙召之後的立志：自己一生的目標是為神和永遠國度的榮耀而活，生活的方法也以察驗神的計畫和引導而順從為中心進行，所以他的生命生活整體的運行，都在神的引導裡，並享受了神所賜得勝、蒙福的生活。

但是，在他心裡總有一個拔不掉的「不信」之根時常困擾著他。雖然亞伯拉罕相信神會永遠賜福給他，但是當他看自己的身體越來越老邁，妻子撒萊的月經也已經斷絕了，總不能相信神要賜給他的後裔會是藉著他們夫婦的身體而來。**這「不信」的想法，是出於以自己和環境的條件來限制神的全能。**而這在他心裡隱藏著的「不信」，時常影響他在重要事情上的判斷和決定，且成為障礙，使神的事不能迅速地成就。**「不信」會時常阻擋神的事，也延遲神成全應許的時間表。**雖然，我們時常抓住神的應許而禱告，但是不能很快看見應許的成就，就是因為在我們生命裡深深潛伏著的「不信」。那隱藏在亞伯拉罕生命裡的「不信」，總盤算著萬一神不給他兒子時，能有個代替兒子的人物。但就是因他預備的那「替代的兒子」，卻遭遇許多困難。當亞伯拉罕離開哈蘭到迦南地來的時候，帶姪兒羅得來的理由，就是因為他心裡有「不信」的根，萬一神不給他兒子，要以姪兒羅得來

成為自己的後嗣，但後來他時常因羅得遇到各樣的矛盾和掙扎。看透他心的神開始動工，要從亞伯拉罕身上除掉這帶給他「不信」的人物羅得，結果因財產的矛盾，亞伯拉罕不得不放棄羅得，讓他離開自己的身邊（參考創世記十三章1～13節）。羅得離別以後，神更具體、更豐盛的應許，再一次向亞伯拉罕顯明出來的原因就是要除掉他的「不信」之根（參考創世記十三章14～18節）。但是，羅得離開亞伯拉罕之後，亞伯拉罕生命裡的那「不信」之根仍未完全除掉。

在創世記十五章2至3節亞伯拉罕與神的對話裡，我們會發現他還是不信神會藉著他夫婦倆賜給他一個兒子。他心裡還是以在自己家裡所養育長大的忠心僕人以利以謝為繼承自己產業的後嗣。神對他說：「不是，這人必不成為你的後嗣。你本身所生的，才成為你的後嗣。」同時，神領他走到外邊去，給他看天上無數的眾星，並說「你的後裔將要如此」，並且神用剖開犧牲生命之流血的祭，與亞伯拉罕立約（用全部的生命來立約），為要堅固亞伯拉罕的信心。當然，那時亞伯拉罕完全相信了神與他立約的應許。然而，隨著時光漸漸過去，他看到自己和妻子的身體越來越老邁，卻無任何應許的兒子來臨的徵兆之時，在他心裡那還未拔掉的「不信」又冒出來了。正好當時，妻子撒萊也在「不信」的屬靈狀態裡，著急著慫恿他，求他娶自己的使女為妾來借腹

生子，他竟然也以妻子的想法為是，做出不信的作為。由此可知，在我們心裡深深扎根的「不信」，會使我們時常受到自己的條件、環境及充滿「不信」眼光之旁人的想法和言語的影響，使我們看不見神信實和全能的引導。始祖亞當就被這問題困住而跌倒了，直到如今，那古蛇魔鬼仍時常透過人心靈深處「不信」的通道，來欺騙人、殺害人，而進行著敵擋神的事。

2.「不信」的果子

歷史上，從未聞聽「不信」帶來任何一次的成功。因為「不信」背後必有魔鬼的作為，所以無法結出好的果子。「不信」帶來頭一個的果子，就在「不信」之人的心懷意念裡彰顯出來。當人的心靈陷於「不信」的屬靈狀態之時，因為是已經脫離了聖靈影響的屬靈環境，而正落在魔鬼的各種暗示和欺騙之下，以至於不能看見神的同在、信實的引導、全能的保護，馬上變成「肉體」，又成為所處的環境和條件的俘虜，其生命完全無力。因人的有限，他的心靈則會不安、懼怕，自動地為尋找解決方法而動腦筋，越想、越動就越進入錯誤的途徑。就像在電腦系統裡有一條通路向病毒打開之時，剎那之間，那病毒便侵入而擴散，影響整個電腦系統，

魔鬼就是透過人「不信」的通道，很迅速地做工，影響那人的生命、思想、生活的所有領域，並持續地擴散。「不信」的果子逐漸在所有生活現場裡顯現出來，他就越發陷入更嚴重的矛盾和掙扎裡。

當亞伯拉罕不信的時候，他越想越認為妻子所提出來的想法有智慧，但是結果完全與自己所預料的相反，逐日帶來困擾。使女夏甲懷了孕之後，就小看她的主母撒萊，撒萊就嫉妒、討厭她，也埋怨丈夫。結果，被主母苦待的夏甲，懷著孕逃到曠野，在如此矛盾的家庭屬靈背景之下出生的兒子以實瑪利，他與生俱來的暴躁性情，就如耶和華使者的預言「他為人必像野驢，他的手要攻打人，人的手也要攻打他」。後來，神藉著撒萊生出應許之子以撒的時候，因從使女生出的以實瑪利逼迫以撒之事，亞伯拉罕的家庭又發生矛盾，亞伯拉罕不得不又要經歷將妾夏甲和兒子以實瑪利從家裡驅逐的痛苦。更嚴重的後果乃在往後的歷史裡，正如耶和華使者的預言，以實瑪利的後裔（後來迦南地居民，現在的中東阿拉伯人），繼續居住在以撒後裔（以色列，猶太人）的東邊，不斷地糾纏以色列民，直到今日。他們之間的戰役從未停過，可知「不信」的果子何等可怕！

因為神向自己的子民要求完整的信心，所以神必要試驗聖徒的信心。神的試驗實在是銳利而正確，心裡隱藏著任何

「不信」的因素，絕對無法隱瞞神，總有一天，神必將那
「不信」的軟弱狀態全都顯露出來，使他不得不承認。猶如
出埃及的以色列壯丁中，除了約書亞和迦勒二人，都不能通
過神的試驗，神用四十年漫長的歲月，使他們全都倒斃在曠
野，不准他們進入迦南流奶與蜜之地。甚至已進迦南地的他
們的後裔，每當他們又陷入「不信」狀態之時，神必用周圍
外邦大帝國之手嚴厲地管教他們，使他們經過戰爭的痛苦，
甚至長期成為外邦人的奴隸、俘虜或殖民地。

　環顧當代許多聖徒，也時常因「不信」受到各樣試探和
試煉，過著痛苦無能的信仰生活。回顧筆者自己過去二十七
年的信仰生活，不難發現，任何「不信」的判斷和決定，從
未帶來一次好結果。但是，正因為神愛我，絕不放過我心裡
隱藏著的「不信」，因此，必要從我心裡徹底地根除。當
然，每當我軟弱的時候，祂那無限的憐憫必遮蓋我的軟弱，
也用基督的寶血洗淨我，使我每天成為新人。但若我的軟弱
繼續地反覆著，逐漸心蒙脂油、耳朵發沉，以致達到不能敏
銳地聽見聖靈感動的程度了，或者，我反覆的軟弱是根植、
潛伏在心靈深處的「不信」的根，則神會用重大的事件或管
教來使我痛悔，徹底拔除「不信」的根。

3.撥掉「不信」之根的唯一祕訣

聖徒活在地上的日子，是時刻不停的屬靈爭戰；肉體的情慾、世界的引誘和魔鬼的控告、暗示和欺騙，總不離開聖徒。若沒有掌握得勝的祕訣，就會像在埃及、亞述、巴比倫、羅馬面前的以色列人一樣，剎那間變為軟弱無力而失敗，就成為肉體、世界、魔鬼的俘虜。惟有「逾越節的血」能使成為奴隸、俘虜的以色列人得釋放；得釋放之後，惟有靠著神的約櫃、雲柱、火柱的方法，才能使他們在曠野路程中得勝，也能征服迦南地；惟有以會幕、聖殿的至聖所裡流血的祭為中心的生活，才能使他們享受神的憐憫、恩典和得勝。聖徒只有藉著十字架基督的寶血才能得救恩，每天也要抓住因基督而得的身分、歸屬、方向、權柄和基業，靠神的話和聖靈的引導之下生活，才不會落入「不信」的狀態，事事都能得勝。

基督在地上的時候，也曾天天受到魔鬼的試探，並留下最美好的榜樣和得勝的祕訣。在馬太福音四章1至11節裡我們看到，當魔鬼用肉體的情慾、今生的誇耀和世界的榮華來試探耶穌基督的時候，基督就靠著神的話、聖靈的幫助和天使的服事來完全擊敗魔鬼。那神的話、聖靈、基督寶座的權柄和天使天軍的服事，是當我們帶著正直的心靈享受禱告的

時候才能得著的。

以弗所書六章10至21節也揭開聖徒在屬靈爭戰裡能完全得勝的祕訣。聖徒必要穿戴全副軍裝（基督裡的應許），拿著信心的藤牌和聖靈的寶劍（神的話），並要靠著聖靈隨時多方與神交通，這就是使聖徒過得勝有餘生活的唯一方法。**沒有禱告，就不能得釋放和自由；沒有禱告，就看不見神的引導，也不能與神同行；沒有禱告，就不會有「靠禱告才得的權能和勝利」，就更不會有「靠禱告才有的豐盛的生命和冠冕」。沒有禱告的信仰是根本不存在的。**而即使禱告了，但若不植根於神的話和應許，也不靠信心所帶來聖靈的感動和能力，仍是迷信、盲信、不信的禱告，會帶來更不好的結果。若一個聖徒不禱告，或者雖然禱告了，但不是實際且正確的禱告的時候，他就落在「不信」的狀態裡了。

故此，**真正的信心**，是指：

（1）**真正認識神。**

（2）**全然信靠神。**

（3）**完全順從神。**

信心是透過下面兩方面而得成長和得堅固的：

（1）**更深地領悟神的話和基督福音而應用。**

（2）**藉著反覆地確認、發現、得著智慧和能力、信從、交託、期待的禱告。**

　　不要只責備自己的「不信」而歎息，此刻就開始禱告吧！惟有禱告才能拔出一切「不信」的深根，使我們能聽見主的聲音、看見主的作為，而成為信心的勇士。惟有禱告叫我們得救，叫我們得醫治而成聖，也叫我們得能力而擔當神聖的事工，也使我們得著永遠的冠冕和基業。禱告與我們的一舉一動是分不開的，禱告能豐富我們的生活，生活又提供禱告的內容，使我們進入另一個蒙恩的良性循環裡。日子久了，也隨著反覆禱告的經歷越來越深，有一天會發現自己已經無法再不信全能的父神了。

第二十三章

刻在心版上的名字

亞伯蘭年九十九歲的時候，耶和華向他顯現，對他說：「我是全能的神。你當在我面前作完全人……我與你立約：你要作多國的父。從此以後，你的名不再叫亞伯蘭，要叫亞伯拉罕，因為我已立你作多國的父。我必使你的後裔極其繁多；國度從你而立，君王從你而出。我要與你並你世世代代的後裔堅立我的約，作永遠的約，是要作你和你後裔的神……你和你的後裔必世世代代遵守我的約。你們所有的男子都要受割禮；這就是我與你並你的後裔所立的約，是你們所當遵守的。」……

神又對亞伯拉罕說：「你的妻子撒萊不可再叫撒萊，她的名要叫撒拉。我必賜福給她，也要使你從她得一個兒子。我要賜福給她，她也要作多國之母；必有百姓的君王從她而出。」亞伯拉罕就俯伏在地喜笑，心裡說：「一百歲的人還能得孩子嗎？撒拉已經九十歲了，還能生養嗎？」亞伯拉罕對神說：「但願以實瑪利活在祢面前。」神說：「不然，你妻子撒拉要給你生一個兒子，你要給他起名叫以撒。我要與他堅定所立的約，作他後裔永遠的約……」

（創世記十七章1～27節）

我們常常忘記「事實」而不能看見真相。常常忘記時刻與我們同在的神，不能看見滿溢在我一切條件裡的神的慈愛和祝福。每當不能確認神所賜永遠的應許是如何成全在實際生活裡的時候，聖徒就落到最無能的狀態。眼睛瞭亮，一切就都光明，眼睛昏花，一切全都黑暗（參考馬太福音六章22～23節）。因為一切關於神、天使、天國、權柄和能力、我們的生命等，這些重要的事都看不見，所以惟有蒙恩而開眼的人才能享受其奧祕（參考路加福音十章23節）。

魔鬼所做的其實只有一件事，就是要蒙蔽人的心眼，使人不能看見「事實」，而被困在牠的欺騙裡（參考哥林多後書四章4節）。聖徒暫居在這地上的時候，每日在凡事上要打的屬靈爭戰不是別的，乃是要保守靈眼的打仗了。首先要領悟福音的奧祕而開啟屬靈的眼睛，之後為保持不失去這靈眼，必要靠著聖靈隨時多方禱告（參考以弗所書六章10～18節），才能時常看見「事實」而享受神一切的豐富。

信心之父亞伯拉罕也是這樣，每當他失去靈眼而看不見神的時候，就落到「不信」的狀態，也自然遇到許多困難。當他九十九歲的時候，向他顯明的神就叫他改名字和受割禮，並再次堅立要賜給他的那永遠的基業——並不是以實瑪利，乃是他的妻子撒拉將要為他生的兒子以撒。

其實，若一位聖徒還未用神所賜的身分和職分來改自己

的名字，且還未將那名字刻印在心版上，則他在地上要面對的
一切事上，必都沒有定見，因此也無法得勝。那些落在「不
信」的狀態而無法正確看見「事實」的聖徒，絕不能勝過魔
鬼透過他的軟弱、環境、條件和周圍人而來的晝夜攻擊他的
詭計。魔鬼一切攻擊都集中於──使聖徒不認識基督或忘記
基督。不認識基督的熱心和虔誠，會使聖徒帶著與神相反的
眼光，也帶來完全相反的結果。這就是神叫亞伯拉罕捨去以
實瑪利，而抓住以撒血統的原因。

　　藉著這段信息，我們要再一次確認神透過基督賜給我們
的新名字（身分和應許），並要學習每天如何將那名字刻在
心版上，以致凡事帶著正確的眼光，能成全神所賜給我們永
遠的應許。

1.要改你的名字

　　一位聖徒蒙恩之後，神叫他改名字，將「亞伯蘭」改為
「亞伯拉罕」、將「撒萊」改為「撒拉」、將「雅各」改
為「以色列」、將「西門」改為「彼得」。因為名字代表一
個人的整個生命，也因時常使用的緣故，而會影響那人一輩
子的生命及生活。原來「亞伯蘭」的意思是「一家之父」，
到了時間，神叫他取字意是「多國的父」的名字「亞伯拉

罕」，「撒萊」的意思是「公主」，而神又叫她取「多國的母」之意的名字「撒拉」。並且神預告說：國度從他們而立，君王從他們而出；祂要與他們和他們的後裔堅立永遠的約，也宣佈要永遠作他們的神。

正如前篇第二十二章〈不信之果〉信息中所講，在亞伯拉罕和撒拉的生命裡，時常有一個「不信」的根隱藏著，這「不信」時常使他們被自己的界限困住，也使他們生出「不信」的思考和判斷，因而結出「不信」的果子。在創世記十七章17至18節裡，我們也看到，當神向亞伯拉罕宣佈那麼重要的應許和預告的時候，他心裡仍出現疑惑神的話之「不信」的反應。「不信」使人無法領受神所預備一切豐盛的恩典。一年之後，神要藉著亞伯拉罕夫婦生出「基督血統」的以撒，在這重要的事情成全之前，神必先除掉他們生命裡所隱藏的「不信」之根。所以，向九十九歲的亞伯拉罕顯現的神，叫他們改名字，也藉著割禮，將神的應許刻在他們的心版上，徹底消除一切「不信」的劣根。

神為著聖徒的緣故，甚至叫基督死在十字架上，其中所蘊含的祝福和基業，何等廣大（參考羅馬書八章32節）！凡屬於基督的聖徒，都是各個時代的亞伯拉罕，是從創立世界之前蒙揀選的神的兒女，是永遠天國的子民，也是繼承永遠基業之神的後嗣（參考加拉太書三章29節）。那在天上、地

上一切好的恩賜和獎賞，都是為他們存留的（參考以弗所書一章15～23節）。因為他們生命本身是一塊「神的祝福」和「神的愛」，所以他們所擁有的出身、成長的背景及一切條件，都聯繫於永遠天國的榮光，對那些靈眼已經打開的聖徒而言，應在每日所遇見的環境和事件裡都能享受。

問題就是聖徒不能開啟靈眼，而時常陷入「不信」的狀態裡。「不信」使聖徒無法享受神所預備各樣美善的恩賜和全備的賞賜，反而使他們時常被內疚、自卑感捆綁，也受環境、條件和周圍人的話影響，以致不能成就神藉著他們生命所要成就的事。

以世人的眼光來看，亞伯拉罕和撒拉只不過是將殘的燈火、老邁而等死罷了。但是，在神眼裡的他們，卻是帶著以色列所有的榮耀和祝福、將要生出君王並要建立永遠國度的「父」和「母」。因此，若以「不信」的眼光來看我們的背景和環境，我們只不過是一群可憐無助的族類而已。卑賤的出身、無數的創傷和哀慟、各樣的疾病和勞苦、破裂的家庭和人際關係、不停的挑戰和矛盾、將要面對死亡和審判的可怕未來，就是我們過去、現在、未來的寫照和自畫像。我們已不再能像世人那樣享受罪中之樂了，可能犯了一個罪，十個罪惡感會壓迫我們的心靈，不能痛快地與他們沉溺在世界的宴樂中，也不想追求他們所追求的成功與名利。帶著

「不信」眼光的我們，恰如被所多瑪城民折磨的羅得、在曠野漂流無安居之處而只等倒斃的以色列人、在迦南地巨人種族面前自以為是一群蚱蜢的以色列探子。然而，神的話豈不是說：因我們的緣故，聖子自己道成肉身來到世界，用祂在地上卑微的出身彰顯出最尊貴的身分「神的兒子」，用祂一無所有的貧窮來揭開「享受神一切豐富」的奧祕，用神的話和自己最完整的榜樣來發揚福音的能力，用自己的受苦、流血、受死使肢體們脫離被捆綁的罪和死的律，用自己的復活宣佈祂和祂永遠肢體們永遠的得勝。所以，我們這一群蒙恩蒙愛、與基督同死同復活、已經與祂聯絡合式的族類，不再是奴僕、罪人、要受審判的，乃是整個宇宙萬有主人的「兒子」，也是「後嗣」，是帶著神榮耀形像的「基督的顯現」（身體），是神聖的靈宮──聖靈所居住的聖殿，是在地上擴張天國的「君王、祭司、先知」，也是神一切的「關心」、「喜樂」和「詩歌」。聖徒所擁有的一切條件、現場、遇見，都是神的工作、神的計畫和神的祝福。

　　神叫我們丟棄舊名，快快領受新的名字。神給我取的新名字，就是多國之父「亞伯拉罕」、勝過神之意的「以色列」、能祝福後代和列邦萬民的「萬福之源」。若一個人看自己為乞丐，必流露出乞丐的思想、表情、言行；但是若看自己為君王，則很自然地會流露出君王的生命、判斷和風度。就像

小說《乞丐王子》中一個乞丐有一天突然變成王子一樣，一個聖徒有一天突然聽到、信到福音，就被稱為神的兒女，其所得著的名字、身分和職分，雖然開始的時候很陌生且不習慣，但經過持續反覆聽到那名字且自己也時常使用的過程，將會發現自己的生命、形像和權能都越來越配合這名字所蘊含的內容。

2.要受割禮

神不但叫亞伯拉罕改換名字，又吩咐他必要受割禮。11至14節，神對亞伯拉罕說：「你們都要受割禮（原文是割陽皮）；這是我與你們立約的證據。你們世世代代的男子，無論是家裡生的，是在你後裔之外用銀子從外人買的，生下來第八日，都要受割禮⋯⋯這樣，我的約就立在你們肉體上作永遠的約。但不受割禮的男子必從民中剪除，因他背了我的約。」

割禮就等於新約時代的洗禮——象徵丟棄舊的老我、身分、目的、方法，帶著新的生命和身分而重生。受割禮的目的，就是為著：

（1）表白自己生命的目的、內容、方法都與外邦人完全分別為聖（參考創世記十七章9～14節）。

（2）將那與神立約的應許刻在身上，同時也刻在心版

上，時常記念也要默想成為自己的定見（參考申命
記十章16節；耶利米書四章4節；腓立比書三章3
節）。

重點不在於肉身上的割禮，乃在於心懷意念的割禮，所
以，受割禮的結果，就要以神的目的為一生的標竿，以神的
話為自己生命的內容，靠神的能力而活，也要以察驗神的計
畫和美意而順從的方法來活（參考腓立比書三章7～21節）。
神說：「不受割禮的男子必從民中剪除……」割禮並不是單
純的律例，乃是一個人在認識神、相信神、歸向神的過程裡
非有不可的決斷。那些在生命的目的、內容、方法上還未受
割禮的人，因他們根本不認識神而屬於世界，所以他們的生
命仍然居於與神所預備的永生和基業相隔離的狀態。真正的
聖徒並不是單單做決志禱告、受水洗而能得重生，乃是聽見
基督的福音而領悟，受了聖靈，同時領受新的生命、新的目
的、新的方法而得重生的。

在本章經文裡，神特別強調說，不但亞伯拉罕要受割
禮，他所擁有的一切條件都要受割禮。**神不但給聖徒新的名
字，更盼望其名字成為他們的生命、生活和果子。**為此，最重
要的關鍵，就在於從聖徒得著新名字、新身分、新職分之後，
在自己所擁有的過去、現在和未來的所有時光，以及所有的條
件、生活現場、人際關係和所有的事情裡，都要恢復那新的

身分和職分。從那時起，他才能在凡事上看見神的計畫和作為，也會隨時聽見神的聲音和感動。所以，凡重生得救的聖徒，都要像在大馬色路上遇見基督而三天禁食集中禱告的保羅一樣，必要以神所賜的新身分和應許，來重新整理自己的心懷意念。或許每一位聖徒的情況都不一樣，有些聖徒像保羅一樣遇見基督就立即改變一切，有些聖徒則經過幾年或甚至幾十年的時光慢慢改變。但不管如何，很清楚的是，每一位聖徒必經過此轉變才能開始真正享受天上、地上和永遠的能力與祝福。

通過那轉變之後，更重要的是如何掌握隨時、隨地、凡事上看見神的引導並與神同行的奧祕。聖徒不可以靠自己的知識或熱心而活，必要靠著因信神的話和聖靈、看見神的作為、得著神的能力而活的。所以每次神將應許賜給祂的子民的時候，必提醒他們說：「我今日所吩咐你的話都要記在心上，也要殷勤教訓你的兒女。無論你坐在家裡，行在路上，躺下，起來，都要談論。也要繫在手上為記號，戴在額上為經文；又要寫在你房屋的門框上，並你的城門上。」（申命記六章6～9節）也說「不可離開你的口，總要晝夜思想」（參考約書亞記一章8節）。凡重生的聖徒，不但要領悟約翰福音十四至十六章裡耶穌基督所講永遠的應許，更要確認主如何實際地同在、發現主如何引導、得著禱告蒙應允、時常享受

已領受的權柄、每天加添永遠國度的基業和冠冕。

對聖徒而言,地上的日子就是天天撒種、澆灌、收割的農夫的生活,也是奔向天國的競技者的人生,更是勇敢地打仗而得冠冕之當兵的日子。聖徒在地上的時光,每天免不了遭遇許多的挑戰和問題。**若神所賜的應許還未成為定見,則凡事上無法得著正確的判斷和智慧。**這「定見」是以個人福音化、家庭福音化、地區福音化、世界福音化為自己一生的標竿,又掌握生命生活的優先程式和正確的時間表,然後以每週的第一個時光(主日祭壇)和每日第一個時光(早上的祭壇)為中心生活,享受定時、隨時禱告的奧祕,從中察驗神的心意而刻在自己心版上的,否則,無法得著最明亮的眼睛來過看見且得著神的引導而順從之與神同行的生活。因此,不懂得禱告的人,絕無法將新名字刻在自己的心版上,更無法得著明亮的眼睛而與神同行!

3.不是以實瑪利,乃是以撒

神對亞伯拉罕說:我要給你的那應許之子,不是你現在寵愛的兒子「以實瑪利」,乃是另一個將要給你的兒子「以撒」。為什麼不是以實瑪利,而非要是以撒不可呢?因為「以實瑪利」是在亞伯拉罕信心軟弱的時候,不靠神的應許

而單靠自己的能力和熱心所生的兒子；惟有「以撒」是在亞伯拉罕、撒拉完全沒有能力、再無法生兒子的時候，靠著神的應許及神的能力而生的兒子。以實瑪利的生命，非但與基督的應許無關，反而是敵擋基督的血統；以撒的生命，就是為了彰顯出基督的奧祕而出生的，是屬於基督的血統。其實，亞伯拉罕一生的功效，就是生了一個兒子「以撒」，使他繼承基督的應許和基業的。在他一生中所發生的所有事情，都是為了成就這重要應許而存在的。

故凡蒙神呼召的聖徒的生命和生活，都像亞伯拉罕一樣，為了得著基督的生命、見證基督的證據、完成基督的事工（得子民而建國度）、蒙受基督的基業而存在的。在基督外面沒有生命、沒有能力，也沒有果子；惟有靠基督，我們才能得著神的福音和聖靈；惟有靠基督，我們才能看見、聽見神一切的奧祕，並在凡事上能得著神的引導；惟有透過基督，我們才能發現神那永遠無限的愛，能得著一生的異象和標竿，能使用天上、地上一切的權能，也才能拯救人、醫治人和建立人。凡與基督無關的動機和目標，都已經在失敗裡；凡與基督無關的敬虔，都是偽善和驕傲；凡在基督以外的熱心，都會帶來敵對神的結果。事實上，世界的目標、內容和方法，都是敵擋基督的（參考詩篇二篇1～2節）。因為它們都被困在創世記三章的狀態裡，換句話說，都在「不認識神的肉

體、罪、審判的律和魔鬼的權勢」之下。惟有創世記三章15節所提的「女人的後裔」（耶穌基督）所流的寶血，才能打破罪和審判的律，而恢復慈愛和生命聖靈的律；惟有藉著耶穌基督的顯現和教導，人才能認識神；惟有透過耶穌基督的復活，才能打破死亡和撒但的權勢。所以，惟有願意與基督同死、同復活的聖徒，才能得重生的新生命；也惟有願意將基督的教導和應許恢復在自己的生活裡，才能看到神的引導和成就；更是惟有在生活裡施行著基督所留下的使命（拯救靈魂、醫治人、培養門徒、差派門徒），才能得著神所賜永遠的果子和獎賞。

亞伯拉罕蒙召之後，生命所得的成聖、能力和果子，就與他發現基督奧祕的多少成正比。一直到最後，他將自己一切的一切──獨生兒子「以撒」當作犧牲，帶到摩利亞山上獻給神，亞伯拉罕的生命繼續不斷地被打碎、磨練。到他在摩利亞山上的時候，發現了神為代替以撒而預備的公羊（預表彌賽亞耶穌基督），並用那公羊獻燔祭之後，神賜給他的應許和祝福才完整地成全了（參考創世記二十二章1～18節）。

每個聖徒在他們的一生中，到達摩利亞山的時間表都不一樣。像保羅一樣的人，一旦認識基督，就得著了永遠的答案，極盼與基督同釘十字架，使基督在他裡面活著（參

考加拉太書二章20節；腓立比書一章20～21節，三章7～21節）；也有些聖徒，是過了幾年甚至幾十年之後，才恢復基督。但是，還沒恢復基督的時候，他們不得不要遇見很多矛盾的事，一直等到眼光明亮、生命裡恢復基督的奧祕之後，他們才能享受透過基督之名而來的一切能力和祝福。

今日，基督正在我的生命、家庭、教會和事業現場裡做什麼？惟有那些在基督裡得了新的名字，每天反覆刻在心懷意念裡，在凡事上確認基督以馬內利的證據之聖徒，才能得著最確實的答案。

第二十四章

恩上加恩的蒙恩生活

耶和華在幔利橡樹那裡向亞伯拉罕顯現出來……

耶和華說：「我所要做的事豈可瞞著亞伯拉罕呢？亞伯拉罕必要成為強大的國；地上的萬國都必因他得福。我眷顧他，為要叫他吩咐他的眾子和他的眷屬遵守我的道，秉公行義，使我所應許亞伯拉罕的話都成就了。」

（創世記十八章1～19節）

相信神的話之人，必能天天聽見藉聖靈的感動而來的神的聲音；有眼光在宇宙萬物中能看見神的神性和能力之人，亦能隨時隨地享受以馬內利神的同在；藉著基督成為肉身來到這世界的奧祕而認識自己的靈魂和肉身之人，就能恢復神的形像並享受活出基督的生活；尤其是透徹瞭解基督十字架的奧祕而抓住基督的應許和成就之人，在任何情況裡，都能得著自由、平安、喜樂和智慧；以基督所賜的使命為自己一生的標竿而在凡事上確認之人，會遇見時代的寶石貴人，能享受每天加增的永遠的基業和冠冕的人生，每當他禱告的時候，天門會打開、神的寶座降臨、天使天軍被動員，因此會看見神的美意，黑暗的勢力被挪開，他的生命恢復大能大力，重要的門也必為他敞開。

亞伯拉罕是蒙恩的人，也是享受神一切祝福的人。他的生命擁有當時世人不理解的奧祕，也擁有能聽見神聲音的耳朵、能看見神臨在的眼睛，因為神向他顯明、讓他聽見基督的福音，他相信且跟從了。自蒙召的時候開始，神便透過環境和生活現場裡所發生的許多事件磨練他，他的信心就越發堅固，也更細密地認識神、經歷神。雖然問題和苦難仍然不斷，但在那過程裡，盛滿了神所預備使他更新、成聖的恩惠。當他九十九歲的時候，向他顯明的神給他新的名字「列國的父」，並吩咐他行割禮——將那帶應許的名字刻在心版

上。亞伯拉罕在蒙恩之地「幔利橡樹那裡」搭建帳棚、築了一座壇，每天過以禱告為中心的生活。神時常向他顯明，亞伯拉罕也喜樂地迎接神，並盡心、盡性、盡力地事奉神。因此，神不向亞伯拉罕隱藏，將自己的計畫都向亞伯拉罕述說，並顯明每天新的恩典。所以，像亞伯拉罕一樣地蒙召，也將神所賜的新名字刻在自己心版上，抓住那應許而禱告，並在禱告中發現神隱藏在生命中之計畫的，便為有福的人，也是當代歷史的主角。

1.恩上加恩的禱告祭壇

因為聖徒的生命本身就是神的目的，所以聖徒所居住的生活現場是非常重要的地方。神來探訪蒙恩人亞伯拉罕的地方，就是他支搭帳棚安居的地方——「幔利橡樹那裡」，就是當亞伯拉罕離開姪兒羅得之後，為要過以神為中心生活所建立的祭壇的地方（參考創世記章十三章18節）；也是蒙恩遇見聯盟的朋友，而帶來戰爭得勝的地方（參考創世記十四章13節）；尤其當他九十九歲之時，神向他顯明，改他的名字為「列國的父」，為了要他將應許刻在心版上而吩咐他行割禮，而他遵行之後，更以禱告祭壇為中心生活，並在禱告中進一步享受屬靈恩典的地方。

　　如本章經文所述，在靈裡時常警醒生活的亞伯拉罕，有一天坐在帳棚門口，正在舉目觀看望著天的時候，見三個人在對面站著，他一見就知道那三位是神的使者，便立刻跑過去迎接他們，並盡心竭力地招待他們。那三位中的一位，就是「顯現的神」——將來要道成肉身來到世界的耶穌基督，另兩位是神的天使。17節，神說：「我所要做的事豈可瞞著亞伯拉罕呢？」神把將要發生的事都告訴他，且再一次向他強調：將要出生的以撒（基督的血統）和藉著他而來的以色列國和子民的事，以及地上列國必因他們得福的事，也預告了所多瑪城（世界）將要滅亡的事。從神對亞伯拉罕為所多瑪城民迫切代禱而一個一個應對回答的描述中，我們看見神是何等願意在禱告之中與聖徒親密對話。

　　神一切的關心和目的在於：帶著屬靈眼光的聖徒及聖徒每天在生活現場裡的「遇見」（遇見神和神所安排的人），還有聽見了神的話而信從之聖徒的生命（參考約翰福音一章12～13節；西番雅書三章17節；以賽亞書四十三章1～21節）。在這些聖徒的心裡時常有聖靈所賜的感動（參考約翰福音十四章26節），在他們生命的周圍，天使天軍圍繞著伺候他們（參考創世記二十八章12節；馬太福音十八章10節），也充滿著天國的平安、喜樂和盼望的奧祕（參考馬太福音十二章28節；羅馬書十四章17節）。

　　因此，在聖徒居住的場所和人生時光裡，神時常進行著重要的計畫，他所遇見的人和事都具有非常重要的意義，尤其是在每天與他同住的家人、教會肢體、親友和同事（就是他心裡所愛也時常代禱的人）的身上。最常與亞伯拉罕生活在一起的妻子「撒拉」，就是與他共享永遠基業的人，還有他要生養的兒子「以撒」的生命是與永遠的國度和子民有著極密切的關係；亞伯拉罕的帳棚，就是與天國連結的地方；他的一生所遇見的事情和人際關係，都與神永遠的計畫有關。所以，像亞伯拉罕一樣，聽到神的應許而信了並與神立約的聖徒，其生平是非常重要的。

　　那些深信神的應許、決斷恢復神所定永遠的目標和方向、每天在生活裡尋找神具體的計畫和時間表並願意與神同行的聖徒，當他禱告的時間，就是天與地被打通的時間，也是他未來的生活現場、遇見、事件都要改變的時間了。他所禱告的地方，就是亞伯拉罕時常遇見神的「幔利橡樹那裡」的祭壇；他禱告的時間，就是預知未來時間表的時間；在禱告之中，所聽見神的聲音，都是有關永遠國度的事和時代性的福音運動興起來的事。那人的配偶就是「列國之母」撒拉，他的兒女就是「基督應許的繼承者」並「列國的祝福」以撒，他的家庭就是地區福音化、世界福音化的中心地。他的禱告就是敞開他的生活和遇見之門，他的生活又提供給他禱告項目。

103

繼而，當兩、三個有同樣異象和使命的聖徒或幾個蒙恩的家庭相聚而成立的教會被興起來的時候，會建立能拯救一個時代的祭壇，當他們相聚禱告、崇拜的時間，從天上賜下來能興起一個時代的祭壇信息，藉著那信息，世界各處神所預備的子民和工人被呼召，且時代性的福音生命事工隨之展開（使徒行傳整本的內容）。這教會的主日祭壇，就是屬於那祭壇的所有聖徒一週時間表的開始，也是引導聖徒們在七個現場（個人、家庭、教會、事業、親友、地區和世界）裡一切生活的燈臺。每個聖徒的生命都是神所勸勉的「活祭」的生命，他們能擁有完全享受基督那君王、祭司、先知之權柄和能力的生活，他們的生活本身就是事奉，他們所享受、所擁有的時光，就是神的子民相聚、天國擴張的時間。

今日，我們實在盼望多興起擁有如此生命和「神為」運作的教會，惟有當那些真正擁有基督、天國和聖靈奧祕的聖徒（參考使徒行傳一章1～11節），恢復「幔利橡樹那裡」的禱告祭壇（參考使徒行傳一章13～14節）時，時代性的福音運動（參考使徒行傳二章1節～二十八章30節）才會如火如荼地興起展開。

2.恩上加恩的服事態度

　　蒙恩者亞伯拉罕不但過以禱告為中心的生活，更在禱告中時常遇見實實在在的神，並且，他對神是盡心、盡性、盡力地擺上全生命的態度。從2至16節中所記形容的句子：「跑去迎接他們，俯伏在地……求祢不要離開僕人往前去……你們可以加添心力，然後往前去……急忙進帳棚見撒拉，說：『你速速……』……又跑到牛群裡，牽了一隻又嫩又好的牛犢來……急忙預備好了……擺在他們面前，自己在樹下站在旁邊……亞伯拉罕也與他們同行，要送他們一程……」我們可知道：亞伯拉罕服事神的態度是何等殷勤懇切呀！亞伯拉罕的確擁有非蒙恩不可的服事態度。但是，比那態度更重要的，就是亞伯拉罕真正遇見了神，他實際地相信了神所講的一切話，並且每天生活裡看見了神的話如何具體地成就。

　　真正遇見神的聖徒，自然會成為真實的人。他所遇見的神是無所不在、無所不知、無所不能的神；是掌管天上、地上、地底下和其中一切萬有，並掌管生死禍福的神；是用祂的話彰顯祂的公義和慈愛，並帶著肉身來世界向人顯現，在十字架上成就了永遠的救恩，更藉著聖靈隨時隨地與聖徒同在的神；是將天國的奧祕、未來要發生的事和永遠國度的事都告訴人的神；也是將聖民在地上應有的生命和應許、異象

和使命、生活和事奉的方法都教導人的神。**那遇見了掌管亙古到永遠之神的聖徒，必會恢復永遠的方向；遇見了全能神的聖徒，則必會恢復大能大力；已經遇見了道成肉身基督之神的聖徒，必會活出基督的樣子；遇見了慈愛神的聖徒，則在凡事上會看見祂的慈愛；遇見了聖潔神的聖徒，必會逐漸恢復神聖的生命、心懷意念和計畫；遇見了那位是「道」和「靈」之神的聖徒，則隨時隨地會聽見神的聲音，也會領受神的引導。**

但這並不表示「遇見神的聖徒就是完全人」，乃是，凡遇見神的人，都是已經領悟了自己過去是死的，也是完全無能的，所以迫切地尋找神，也要依靠神的能力，進而逐漸在他生命裡恢復神的人。因此，凡尚未遇見神的人，無論他們是如何的敬虔、善良和認真地生活，仍全是偽善、悖逆的人而已。

遇見了真神而敬畏祂的人，必會受到神和人的尊敬；盡心、盡意、盡力服事神的人，在自己的生命、意念和力量裡必會看見神豐富的恩典。那些已經知道了神的工作就是自己的生命、自己所擁有的條件和人際關係、自己所遇見的一切事情，並已經發現了神具體的美意和計畫的人，他們服事人的心態，都必如服事神一樣，他們在凡事上必會看見神的作為、成就和祝福。

神從不停止向聖徒說話，只要有心側耳而聽就能聽見，

且願意盡心盡力順從的時候，神的能力就會降臨，也會看見神的作為和果子，然後新恩典、新計畫的門又會被敞開，那「又大又奧祕」的事會持續不斷地被顯明，良性循環的信仰生活就如此進行下去。而失去這以馬內利奧祕的聖徒，則漸漸變成無能，無能又帶來表裡不一的事奉，艱難的情況會持續來臨，就是惡性循環的信仰生活了。主說：「凡有的，還要加給他，叫他有餘；凡沒有的，連他所有的，也要奪去。」（馬太福音十三章12節）

3.恩上加恩的未來

17節，神說：「我所要做的事豈可瞞著亞伯拉罕呢？」蒙恩的人亞伯拉罕，藉著神的話預知了將來在自己的生命、家庭、兒女和後代要發生的事，也預知了當時世人和他們的家庭、事業、後代將要發生的事。

從亞伯拉罕到今日，在過去四千年的歷史裡，神向他應許的話、他所信而預知的事，都藉著以撒、雅各和約瑟的日子，以色列民的出埃及、征服迦南地、建立了以色列國，以及亞伯拉罕的血統耶穌基督道成肉身來到世界，十字架的福音和十二個使徒的宣教事工，並透過希臘人、羅馬人、歐洲人、美國人的蒙恩，都成全了，今日也正在成全的過程中。

　　神從未向信靠祂的人隱藏過，蒙恩的人會看透萬事、判斷萬民，也能分辨時代。凡接觸神的話（聖經），且真正相信的人，都會知道過去發生的事、現在正在進行的事和將來要發生的事。神的話正詳細地說明著——蒙恩之人的生命，將來如何成為聖潔、如何恢復能力並結出怎樣的果子；也預言著——他的家庭、兒女、後代將會如何蒙恩，他的事業如何蒙主使用，他的教會如何擔當地區福音化、世界福音化的使命；此外又預言——凡不認識神的人和輕看神的話的人和這世界的未來將會如何，並他們和他們後裔如何面對永遠的審判和痛苦。

　　事實上，過去人類歷史就是聖經預言的成就，將來的時光裡，更是一點一畫都要成全。惟有蒙恩的人，才能聽到並相信神的話，而能在凡事上看見神的話之成就，也在凡事上尋求永遠的意義；對明天帶著無限的盼望，而在今日能享受所遇見的一切貴人貴事，每日加增永遠的獎賞和冠冕。他越來越能掌握神具體的計畫和時間表，在他的思想、判斷和言行裡，都滿有確據和權柄。

　　今日，我們活在二十一世紀了。雖然，時光與亞伯拉罕相隔四千年，世界的人口、科學、文化也大有不同了，但神賜給亞伯拉罕的應許仍然要成就在這時代。**這時代的主角，並不是稱霸世界的政治、經濟、文化人士，乃是繼承亞伯拉罕**

的信心，而成為耶穌基督的身體，且得著永遠的國度、子民和君王的應許的人，必看見神藉著亞伯拉罕和他的後裔所成就的事，列國萬民必因他蒙福。

　　從二十世紀中葉開始，神在中國大陸及全世界被分散的華人當中，大大地興起了祂永遠的子民，其數已經超過一億了。從亞當以來，從未有過單單在一個民族裡興起那麼多神之子民的事。我們可知道：華人就是神早就為二十一世紀世界福音化事工所預備的民族。過去一百多年，神藉著忠心的西方宣教士和初期蒙召的國內傳道人，經過各樣艱難的日子，發展福音事工到如今。我們感謝主如此賜福華人，也因過去神所重用的眾僕人們而感恩！但是，到如今華人的福音事工，還是處於基礎階段而已，還有待進一步的更新，而能進入被堅固和蒙主重用的另一階段。雖然，華人群體裡聽到福音而歡喜領受耶穌基督名的人數日益劇增，但真正認識基督而享受二十四小時、凡事上的以馬內利，並恢復個人、家庭、地區和世界福音化異象的信徒還是甚少。筆者在大陸的三自教會和家庭教會中，在臺灣、香港、新加坡、馬來西亞、印尼等的東南亞華人教會中，以及在美國、歐洲、澳洲的海外華人教會中，看過、聽過很多軟弱、矛盾的現象，當然，神的教會興起來的過程裡，難免有些矛盾的現象，因為主的教會總是在矛盾裡慢慢被堅固起來的，特別是如今華人

教會的萌芽期則更不能免於這種現象。

從二十一世紀開始，神在華人教會裡要開始做新事，那就是，神要興起真正認識基督，享受福音的大能，能生產和養育基督門徒的福音人、基督人、神人，而在全世界華人教會裡，要展開另一階段恩上加恩的福音事工，用被分散在全世界的華人教會來要完成世界福音化的事工。那種福音人、基督人、神人並非鼎鼎有名的人，乃是像加利利海邊的漁夫一樣，一群無名小卒，因蒙了大恩，能以創世記所啟示基督的應許來與神立約，以出埃及記到約書亞書所啟示基督的救恩、引導、能力、得勝和基業作為自己一生的道路，以「歷史書」為自己一生的警戒，以「先知書」來看見自己永遠的未來，以「詩歌書」來口唱心和地讚美神在自己身上的作為。他們時常以「四福音書」的啟示來聽見耶穌基督的聲音，知悉羅馬書所揭開福音的大能，從以弗所書的內容認識自己的生命和生活現場，時常享受「靠著那加給我力量的，凡事都能做」的奧祕（參考腓立比書四章13節），而以自己每天所遭遇的事來叫福音興旺（參考腓立比書一章12節）。

在地上歷史裡，神只做一件事，那就是，每天彰顯基督的奧祕，興起基督的門徒，召聚祂永遠的子民，拯救、醫治、培養他們，來建立永遠榮耀的國度。

總之，神永遠的工作是尋找與神同行的基督人、福音

人、神人，尤其是那些已經得著亞伯拉罕一樣蒙恩的生命和應許，也在每天的禱告中將神所賜的新名字刻在心版上的人，神永遠的工作在他的生活、家庭、事業和教會現場裡天天進行著。讚美主耶穌！蒙恩的人必得著「恩上加恩的未來」！

第二十五章

所多瑪（世界）滅亡之因

　　……亞伯拉罕說：「求主不要動怒，我再說這一次，假若在那裡見有十個（義人）呢？」祂說：「為這十個（義人）的緣故，我也不毀滅那城。」……

（創世記十八章20～33節）

蒙恩的人，就是認識世界、認識基督的人。他不僅知道「世界為何要滅亡」，也知道「為何世人惟獨藉著基督才能得救」，因此願意與基督同死同復活，他的眼光、目標和方法，都與世界很清楚地分別，在生命裡有領受聖靈而得新生命的證據。他透過基督能看見神一切的奧祕，也藉著神的話和聖靈的感動，能時常聽見神的聲音，也能每天享受天上各樣屬靈的恩賜。因為他知道「世界需要什麼」、「該如何為世界禱告」，所以時常為世人代禱，特別是為周圍的人代禱，而能得著從神而來正確的應允，漸漸地，他周圍的人一個一個活過來，而恢復神的祝福；神要使用的重要工人，則會以他為中心相聚，於是，時代性的福音運動逐漸興起；後來的世代和列邦，因他的生命見證而蒙恩，他的生命如晨星永遠照耀著。這就是亞伯、挪亞、亞伯拉罕的一生，約瑟、摩西、撒母耳和大衛的歷史，使徒和初代教會聖徒的見證，馬丁路得、加爾文、清教徒等的信仰恢復運動。

未蒙恩的人，就是與世界沒有分別的人。他的動機、目的都是以自己、人本和世界為中心，因此，他的眼光、想法和判斷都與神相悖。他的敬虔反使福音昏暗，他的善良反遮蓋神的義，他的知識反引導許多人走進滅亡之路。他時常與世界混在一起，而與世界同受苦，也同受永遠的審判。

許多基督教徒雖然參加教會，但他們的關心和方法實與

世界沒有分別，是因尚未認識世界，也還未遇見基督。甚至蒙恩得救的聖徒也不喜歡禱告，其實是因為他們還未完全脫離「肉體的情慾、眼目的情慾、今生的誇耀」，在他們得著喜悅神和順服神的心、時常享受從天而來的屬靈恩賜之前，必然無能，在世界的罪惡和矛盾裡，總是歎息而過痛苦的日子。此外也有不少聖徒，雖然時常禱告，卻得不著應允，是因為他們的禱告無法讓他們實際地遇見三位一體的真神。因他們的禱告，不是從相信神的話、基督、聖靈而開始，乃是只以自己的動機、目的、感覺和熱心為基礎，所以在禱告中和禱告後，都不能看見明確的應允。

其實，**神的話（聖經）本身，已經很清楚、很正確地說明著「神是誰」、「我是誰」、「昨日、今日、明日、永遠的事」、「天上和地上的事」。只要深信那信息的人，就能聽見和看見神。**蒙恩的人亞伯拉罕，就是這種認識神、認識世界、認識今日、認識未來的屬靈人了。他經常過以祭壇為中心的生活，且掌握神的旨意而順從。他對神所賜神聖的使命很清楚，因此常為著自己生命的成聖、得永遠的基業禱告；也為要得「應許的兒子」，時常與自己的妻子撒拉一同禱告；也為家庭福音化、地區福音化持續不斷地禱告；更為將來萬民因自己和後代蒙恩、蒙福的事禱告。因此，神將未來要發生的事都告訴亞伯拉罕了，也詳細地回應他所求問的內

容。在本章經文中記錄著他與神之間深交的對話內容,我們不難發現:他所代禱的內容,是何等正直、認真且迫切,也充滿了憐憫。我們每天有沒有做這種禱告?

因聖徒是帶著永遠神聖的使命,來過地上剩餘的日子。真正認清世界的狀態和將來結局的聖徒,則會知道天天要為何人何事而禱告。神也將一個時代交託給恢復這種禱告的聖徒,並重用他的生命和家庭,而展開永遠榮耀的國度事工。

1.已在滅亡裡的「所多瑪」(世界)

所多瑪城為何非滅亡不可?知道這答案的聖徒是已經得救的、與世界分別的,也是已經得著神聖的生命和使命的人了。其實,所多瑪城還未受硫磺與火的審判之前,已經在受審判的狀態裡。

從亞當犯罪以來,世界一直在滅亡的狀態裡,這就是人的根本問題:

(1)因為失去了神的話和神永遠的旨意,所以根本無法領受聖靈的感動,於是都成為**肉體**了(參考創世記三章1~7節)。

(2)因為帶著**原罪(罪根)**出生,所以被罪的律、審判的律和死的律捆綁而無法不犯罪(參考羅馬書三章

10～23節）。

（3）也因為被殺人、說謊的**邪靈（撒但）**捆住，其一生
　　　都在被蒙蔽的狀態裡生活（參考約翰福音八章44
　　　節）。

雖然，世人繼續追求哲學的思考、宗教的敬虔、藝術的
美感，但因從未認識神的「真善美」，所以越發展反而越混
亂。

世人都哭著出世，一生在無目標的世界裡徬徨，也在時
常懼怕疾病和死亡中度日，遲早要面對死亡，要受永遠的審
判。據統計每天約有二十五萬個靈魂離開世界而被帶到神的
審判台前。挪亞時代的洪水審判和所多瑪城硫磺與火的審
判，就是每日許多人要面對的審判，也是將來在那最後的
審判日，一切不認識神的人都要面臨而進入永遠火湖裡的審
判。世界在離開神的狀態裡忙著轉動，世人也都被蒙蔽著眼
睛，不知道最重要的關乎自己的事而在過日子。耶穌基督在
路加福音十七章26至35節裡預言說：「挪亞的日子怎樣，人
子的日子也要怎樣。那時候的人又吃又喝，又娶又嫁，到挪亞
進方舟的那日，洪水就來，把他們全都滅了。又好像羅得的日
子；人又吃又喝，又買又賣，又耕種又蓋造。到羅得出所多瑪
的那日，就有火與硫磺從天上降下來，把他們全都滅了。人子
顯現的日子也要這樣……」這預言眨眼之間就會成為事實，

會展現在世人的眼前，但是人人並不知這事實，仍然天天過忙亂的生活。那些愛世界、與世界同行的人，就是在與世界一同滅亡。那些對「不認識創造自己的神」不介意、也不認識天國和明天的事、沒有開始沒有末了的人生、還自以為不錯的人，其實已受了咒詛。**那些愛埃及的人，絕無法經歷出埃及的神蹟，也不能領受流奶與蜜之迦南地的基業。那些愛世界、對世界仍有所期待的人，絕無法經歷重生的神蹟，不能領受從天而來各樣美善的恩賜和獎賞，也不能領受天國的基業。**因那些不認識世界的人，無法瞭解為何惟獨藉著與基督一同死而復活才能蒙受救恩的奧祕。

世界非滅亡不可的另一理由，是因為世界不認識基督「流血的祭」。所多瑪城要滅亡的理由，不單因它的罪惡滿盈，更是因無法得著解決它罪惡的門路。**除基督寶血以外，別無他法使人的罪能得赦，而解決「原罪」（罪根）的問題；除道成肉身的奧祕以外，別無奧祕使人再能認識早已失去的有關神的知識，而解決「肉體」的問題；也除「本為神」的基督權柄以外，別無權柄能打破撒但的權勢，而解決「邪靈」（撒但）的問題。**

在地上受最大咒詛的人是從未聽過基督福音的人，或即使聽了也不明白的人。在那些未聽過福音的人中，比較追求敬虔的人所尋找的就是宗教。但是，因為宗教反而是拜那

些「在離開神、不認識神、被邪靈欺騙的狀態裡」之人所想像出來的神（乃是鬼），所以，越認真拜牠，越會遭遇更嚴重的問題。在許多的宗教裡，最糟糕的宗教，就是那些雖然拿著聖經，卻因不明白聖經所見證的基督的福音，使人無法得著重生的確據，也無法得著神的應許所帶來的以馬內利的證據，反被各樣的戒律、神祕、人為的熱心所捆綁的而變質的、似是而非的基督教。過去的歷史告訴我們，每當那些不認識基督的「基督教」掌管世界的時候，必有時代的災殃臨到世界。**因沒有傳講基督，就無法聽到基督；沒有聽到基督，就無法相信基督，也無法認識得救的道路（參考羅馬書十章13～17節）**。原來，所多瑪非滅亡不可的另一因由，就是在那裡沒有一個傳道人能夠正確又有能力地傳講基督的福音。

2.沒有十個「義人」的所多瑪

從本章經文神給亞伯拉罕的答案中，我們可以知道所多瑪城受審判的原因，非因那城裡沒有善良、敬虔和有學問的人，乃因沒有十個「義人」。這裡所講的「義人」，不是指行為上敬虔的，乃是指蒙神揀選、蒙恩得救的神的子民。因為他們是屬於神的，所以當他們聽到耶穌基督十字架福音信息時，就能明白、相信而跟從，因此得著神稱他們為義，恢

復了神永遠的慈愛與祝福。

當今世界早已在不認識神的「死」（成為「肉體」）之狀態，然而神還不將世界滅絕而仍然存留它的理由，就是因為在世界裡還存留著神所揀選的子民（義人）；並且神「任憑」世界仍然存於黑暗悖逆狀態的理由，也是為著還留在這世界裡的「自己的子民」和「永遠天國的事」。神的子民因他們的生命與滅亡之民全然不同，必對埃及般的世界之矛盾感到哀慟，所以當他們聽到福音的時候，就能聽懂，並飢渴慕義地接納神所預備的救恩（參考馬太福音五章1～11節）。他們得救之後，仍暫時被留在世界，為著在這黑暗世界裡經歷各樣的試探和逼迫，而被磨練成為聖潔的生命，也得著在這世界裡爭戰得勝和事奉的果子所帶來永遠的冠冕。

因沒有十個「義人」，所多瑪城對召聚神子民之事已全無用處，失去繼續存在的理由，同時罪惡也滿盈，神所定的時間已到了，不過是從原來將亡城的狀態轉換為永遠的滅亡罷了。神也以此事作為將來永遠審判的預表，來警戒後來的時代。未蒙神憐憫的人，他們在地上的日子是完全沒有意義的。對他們而言，在世長命百歲或提早幾十年因硫磺與火而死，其結局終究是審判和永死。

挪亞時代的洪水審判也一樣，當時，神施行洪水審判、滅絕地上凡有氣息的人，是因除挪亞一家人以外再沒有一個

「義人」（神的子民）之故。原來，認識神、認識基督（流血的祭）、繼承亞伯血統的後裔中，存有基督信仰的祖先均已離世了，世代越久越變壞，其後裔則漸漸受了世界的文化、風俗和宗教的影響，幾乎都已經被同化，而淪為外邦人了（參考創世記六章1～3節）。但是，那時一些「義人」還存留著，所以神多給他們一百二十年的時間，為要等到僅存的「義人」都離開這世界。當我們細察創世記五章25至31節所記錄的挪亞祖父瑪土撒拉和父親拉麥的壽數時，會發現洪水來臨三年前父親拉麥離開世界，洪水來臨當年祖父瑪土撒拉也離世的事實。

當今世界的敗壞現象遠超過挪亞和所多瑪時代，但神依然還存留這世界，乃是因在這時代仍有許多蒙恩的神的百姓（義人）還留在世界，建立永遠國度的事尚未完成。這就是以賽亞書一章9節和羅馬書九章29節所言：「若不是萬軍之主給我們存留餘種，我們早已像所多瑪、蛾摩拉的樣子了。」耶穌基督也預言說：「這天國的福音要傳遍天下，對萬民作見證，然後末期才來到。」（馬太福音二十四章14節）在羅馬書十一章25至32節也說：當外邦人得救的人數得到滿足之時，最後要在以色列民（猶太人）中興起大悔改，當得救、永遠國度子民的人數得到完全滿足的時候，就是那世界末日了。

所多瑪城，因沒有十個「義人」而滅亡的事實，給我們

當代神的子民非常重要的警戒。雖然，萬事的結局都應屬於「神的預定」，然而，「神的預定」是永遠與那預定成全過程裡的「人的生命狀態和作為」結合在一起的。在所多瑪城裡，惟有一個義人，他的名字叫「羅得」（參考彼得後書二章7～8節）。羅得雖是個神的子民，但他的眼光迥異於神的眼光，在神的眼光裡罪大惡極的地方（所多瑪城），居然在他的眼裡被視為「伊甸樂園」。結果，他就選擇那城而離開蒙恩的人亞伯拉罕，之後，他的想法、計畫和方法，都被那城裡的人同化了（參考創世記十三章10～13節）。甚至，他不能用自己的信仰來影響自己的妻兒，妻兒都與敗亡之城一同滅亡或淪為外邦人的祖先了（參考創世記十九章23～38節）。

故此，每當以色列民失去信心、世俗化地去拜外邦偶像時，必起戰端；以色列民就淪為非利士、亞蘭、亞述、巴比倫等外邦的俘虜，當時世人因不止息的戰火而生靈塗炭。

在沒有生命力的聖徒周圍，則沒有義人為他們預備，神的子民不能發光作鹽的時候，世界就陷入幽暗的深淵裡。若細察人類史不難發現：每次教會失去基督信息，無法給信徒「重生的確據」和「永遠的應許」的根基，以致大部分的信徒都變為世俗化、戒律化、形式化、神祕化和人為化的時代，必會有歷史性的災殃臨到世界。我們是當代世界的

「光」和「鹽」，但若失去了該有的光亮和味道，必像羅得一樣，在世界的敗壞和矛盾裡受痛苦；我們所愛的家族、親友和鄰居也與世界一同走向滅亡之途！

3.聖徒為世界的代禱及其祝福

然而，隨時警醒的聖徒家庭，實在是有福的家庭，也將成為地區和世界的燈臺，世世代代能享受神永遠的祝福。有十個警醒的聖徒相聚為時代的福音運動禱告，神就預備將要得救的子民和時代性的工人與他們相連結，繼續不斷地擴張他們的聯絡網，展開全世界性的生命福音事工。

亞伯拉罕是認識世界、認識福音、藉著基督遇見神的當代的「義人」。因為他確信神永遠的應許和賜福（參考創世記十二章1～3節，十三章14～18節，十五章1～21節，十七章1～8節，十八章18～20節），也真知自己的生命、時間和擁有的一切條件都帶著何等重要的永遠的意義，所以，在本章的經文裡，我們看到他的禱告都植根於神的話和應許，也植根於透過基督向他顯明的神之公義和慈愛，句句正直、真確、懇切和具體，因此也得著從神而來具體的應允。在創世記十九章29節裡記錄著說：「當神毀滅平原諸城的時候，祂記念亞伯拉罕，正在傾覆羅得所住之城的時候，就打發羅得從

傾覆之中出來。」**義人的禱告果真大有功效，因他的禱告合乎神的心意。**

由於亞伯拉罕領受了永遠的異象和使命，也深信神藉著賜給他的生命條件、生活現場和聯絡網來成全那異象，所以無論他走到哪兒，都首先築壇獻祭，他的生活行事都以禱告為中心，時常尋找神的美意和計畫，而享受與神同行的蒙恩生活。他又為與自己生命有關的人們、地區及自己的後裔，天天迫切代禱，且不單是禱告，更是順從禱告中所發現神的計畫，在實際的生活裡時常祝福人、幫助人。當他受聖靈引導親自帶領家裡的精兵與侵略的聯合軍打仗，靠神恩典大大得勝，以致榮耀神、見證神、祝福了許多人（參考創世記十四章1～24節）。他的禱告讓地區裡的同盟者相聚（參考創世記十四章13節），使當時大有勢力的埃及法老王、非利士亞比米勒王、所多瑪王都知道：神實在賜福他、幫助他，甚至後來亞比米勒王帶著他的軍長來向亞伯拉罕求和。藉著亞伯拉罕的生命和代禱，以撒、雅各和約瑟等蒙大恩的後裔接連而來，永遠的以色列國從他而立，榮耀的以色列十二支派由他而出，基督和基督十二使徒也從他而來。如神所賜的應許，萬民列邦都因他和他的後裔蒙恩的歷史，繼續不斷地展開。

聖徒的生命，都已經蒙受了神永遠的慈愛和祝福，而透

過地上剩餘的日子加增永遠的冠冕，並祝福自己的後裔與後來的世代。他的生命帶著神的話、基督的權柄、聖靈的奧祕，因此成為聖靈的殿，隨時擁有天上各樣屬靈的恩賜和賞賜。在與他生命有連結的家族和後代裡，本有神豐盛的應許，他和他的家人所擁有的一切條件和人際關係，乃是神的聖工開展的通路。一個聖徒，從他在自己心裡築了一座至聖所、時常遇見神開始，他就享受屬靈美好的恩賜，也在凡事上會看見神的引導和幫助，喜樂、盼望、慈愛……等聖靈的果子也必充滿在他的心裡，自然而然無論得時不得時見證主的恩典。與他常在一起的家人和親友，當然也同蒙祝福，藉著他的見證一同看見神的榮光、經歷神的作為。沿著他的禱告繩索，神的子民、基督的門徒並重要的使命者家庭會一一地相聚，建立起能喚醒一個時代的教會，世界福音化的事工以那教會為中心繼續不斷地展開。

　　為著家庭、地區、時代懇求的聖徒的代禱，不但是聖徒該領受的神聖的使命和義務，更使他的生命連結於神所帶領永遠的時光、永遠的國度，也連接於過去、現在、未來神所重用的眾僕們的生命，而繼續枝葉繁茂、開花結果，將來得著如晨星永遠照耀的冠冕及祝福。

第二十六章

滅亡城裡呻吟的聖徒「羅得」

……天明了，天使催逼羅得說：「起來！帶著你的妻子和你在這裡的兩個女兒出去，免得你因這城裡的罪惡同被剿滅。」但羅得遲延不走。二人因為耶和華憐恤羅得，就拉著他的手和他妻子的手，並他兩個女兒的手，把他們領出來，安置在城外；領他們出來以後，就說：「逃命吧！不可回頭看，也不可在平原站住。要往山上逃跑，免得你被剿滅。」……

（創世記十九章1～38節）

這世界上，有四種人，即——

（1）在世人眼中得了成功，但在永遠世界裡完全失敗的非信徒。

（2）在世上失敗了，在永遠的世界裡也失敗的非信徒。

（3）蒙恩得救、得了永遠的生命，卻在世生活徹底失敗的聖徒。

（4）在世上生活裡天天成功，也在永遠世界裡永遠成功的聖徒。

第一種人，是在世人眼中，擁有知識、善行、財物、權勢、名譽和長壽等的學者、宗教人士、富翁、政治家、演藝人員等類的人，雖然極具影響力，也受到眾人的尊敬及羨慕，但因他們根本不認識神所定「唯一得救的道路」——耶穌基督，所以從未認識神，在滅亡裡出生、滅亡裡生活，最終也去永遠滅亡的世界裡。

第二種人，是那些由於祖先的屬靈遺產，或自己非失敗不可的生活態度，在世上常因貧窮、疾病、惡行和卑賤之事，受到眾人的譏諷藐視，離世之後，更是進入永遠滅亡的世界裡。

第三種人，是那些聽到、信到基督福音而重生的認識神、遇見神的天國子民，但因他們不順從神的話和聖靈的引導，仍然被肉體和世界捆住，因此，在世上生活裡不但沒有

見證，反因神的管教時常失敗。這就是哥林多前書三章15節裡所提「從火裡經過而受虧損」的得救，是「蒙羞得救」的聖徒；他們未留下蒙恩的後裔和事工，在國度裡更無榮耀的冠冕。羅得就是這種聖徒的代表。

第四種人，就是像挪亞、亞伯拉罕、摩西、大衛、但以理、保羅等的聖徒。這種人蒙神呼召得重生後，時常抓住天國的異象而仰望神，時常尋找神所喜悅的美意而順從，能勝過世上一切的誘惑和逼迫而結出許多內在、外在的果子。他們藉著神的話和聖靈的能力，生命得著醫治而成聖，享受有權柄的生活，而結出「個人福音化」所帶來美好的生命果子；並且他的家族和後裔也都因他的生命而蒙恩，而結出「家庭福音化」的果子；也藉著他和他的家庭，在他所居住的地區裡建立美好的地區教會，地區裡神所預備的子民不斷相聚，也培養出能擔當時代福音運動使命的門徒，而結出「地區福音化」的果子；進一步，藉著那教會裡相聚的聖徒所擁有的生命聯絡網，那些被分散在全世界的子民便連結起來，在各地區裡，逐漸興起能擔當「地區福音化」使命的教會，同心合意拓展「世界福音化」的事工。他們離開世界以後，藉他們的事工而蒙恩的後裔和門徒，並他們所撒種的事工，仍然繼續不斷地發展擴張，一直到主耶穌再來的日子，他們得著的冠冕真是永遠無限的榮耀。

今日，許多蒙恩得救的聖徒，重生之後卻仍在地上的矛盾和失敗中呻吟著，乃因他們不懂自己的生命裡所隱藏的屬靈奧祕而勝不過世上的引誘和逼迫。**聖徒若喜歡世界，或隨從世界的方法，註定必失敗。誠因他的身分、歸屬、生命的律（原理）已迥異於世界。**羅得是在世生活裡徹底失敗的聖徒。他居住在所多瑪城外邦人居住的世界裡，既無法痛快地參與外邦人的罪中之樂，也無法勝過從他們而來的引誘，日久漸漸被他們同化，過著完全失敗的人生，最後只留下「外邦人的後裔」而離世了。神藉著本章經文，嚴肅地警戒還存留在世的聖徒，千萬不可重蹈覆轍！

1.聖徒失敗的開始

已擁有永遠無限榮光的天國子民，為何那麼悽慘地失敗？所有的財產瞬間都燒成灰燼，妻子變成鹽柱，與兩個女兒訂婚的兩個女婿與所多瑪城一同被硫磺與火剿滅了。很勉強地與兩個女兒逃到山洞之後，只有藉酒澆愁過痛恨的日子。有一天，與自己兩個女兒亂倫而生出兩個兒子，他們就是摩押族和亞捫族的祖先，這兩個族類在歷史上始終不斷地攻擊、譭謗神民以色列。

其實，在這時代也有許多聖徒就像羅得一樣，以完全失

敗的結局結束地上的生活。他們的心靈時常因世上的憂慮和重擔而受折磨，一生都因貧窮、疾病和各種矛盾而受折磨，夫婦生活也掙扎，他們的兒女則在不認識神的屬靈狀態裡一直過形式性的宗教生活，或者最後還是離開教會。正如以賽亞書一章1至9節所形容的以色列，他們的一輩子都「受責打……從腳掌到頭頂，沒有一處完全的，盡是傷口、青腫與新打的傷痕，都沒有收口，沒有纏裹，也沒有用膏滋潤」，至終在不順從和矛盾裡結束地上的日子。蒙受了「主宰生死禍福的創造主」之大愛的人，怎會落到如此悽慘的地步呢？

　　事實上，羅得的失敗是從創世記十三章10至13節裡已經開始的。他的關心和眼光根本與神相反。在他的眼光裡視如耶和華園子的所多瑪、蛾摩拉所在的地方，在耶和華的眼裡卻是罪大惡極的地方。他還不清楚瞭解世界是什麼，世界處於怎樣的審判和咒詛之下——是在「完全不認識神、罪和死的律、敵擋神的撒但」的捆綁之下，但他沒有眼光能看透，也未確實領悟：為何神叫他的叔叔亞伯拉罕「離開本地、本族、父家，往我所要指示你的地去」，並且神為何叫亞伯拉罕獻上燔祭和流血的祭的屬靈奧祕。猶如今日許多聖徒，**雖是神的子民，但他們生命的動機、目的、方法還未與世界分別為聖的原因，就在於他們還未清楚掌握「水洗、血洗、靈洗」的奧祕。**我們看這種信徒，雖然他們也來教會參與崇拜，但

是無法體驗每次崇拜裡用基督的寶血得洗淨而從新得力的神蹟，在教會裡成為宗教化、形式化的信徒，在世界裡卻又無能、矛盾而時常受眾人的譏笑，乃因他們不知如何聽到神的聲音、如何得著聖靈的能力，全靠自己的計畫、自己的能力、自己的熱心而生活，自然時常遇到不如意的處境。

神絕不放任自己的百姓，必用勸勉、安慰、責備來引導他們到永遠。希伯來書十二章6節說：「主所愛的，祂必管教，又鞭打凡所收納的兒子。」在創世記十四章1至12節裡，我們看到在羅得居住的地方突然發生戰事，他和家人都成為俘虜，他們的財產也都被擄掠去了。神透過此事件繼續不斷地管教他，盼望他能更新而恢復蒙恩的生活。但是靠著叔叔亞伯拉罕的幫助得釋放之後，他仍不能離開所多瑪城。羅得居在所多瑪城裡的時候，心靈絕對無法得著片刻的平安。試想一隻羊怎能安息在狼群裡？藉本章第9節的記錄，我們知道羅得有時也勸勉所多瑪城民不要作惡，但是他的勸告非但沒有果效，反帶來當地人民的譏笑和忿怒。其實，從神的子民羅得看不見神的引導時起，他的心靈已經飽受不安、憂慮、懼怕等的管教。每天神用各樣不如意的情況繼續提醒、管教他，但心蒙脂油的他卻未察覺，他的生命就越來越被所多瑪的風氣和文化同化了，只得過著事事不如意的失敗人生，且留下失敗的後裔而離開這世界。今日也有許多聖徒，時常在

自己的心靈裡、家庭生活和人際關係裡受各樣的管教，卻絲毫未察覺，有一天終會遇到嚴重的事。

此外，在教會裡也有些人，雖然他們帶著與世人完全一樣的目的、關心和方法而生活，卻似乎不但沒有遇到管教，反而在世界裡越來越興旺。其實，他們並不是神的子民，乃是為了利用教會來滿足自我動機和目的，而潛伏在羊圈裡的豺狼。因為他們的生命原屬於魔鬼，也屬於世界，所以他們的生命原理，就是按世界的原理生活時才興旺的。神暫時任憑他們與神的子民在一起的理由，是為著用他們叛逆的生命來堅固祂自己的百姓，也要成就神要成就的事。一旦他們的生命會傷及神的羊群時，神必一瞬間將他們從神的羊群裡除掉。如十二使徒中的猶大、亞拿尼亞和撒非喇夫婦被除去，就是典型的例子。

2.拯救到底的神的救恩（一次得救，就永遠 得救：重生確據的重要性）

畢竟羅得還是蒙愛、蒙恩的神的子民，即使他是那麼軟弱的聖徒，他的生命根本與所多瑪城民不一樣。雖然他沒有能力勝過世上的誘惑而與世界同行，卻無法像世人一樣盡享世界墮落的娛樂，以致活在痛苦的掙扎和自責裡。當他遇到

自己能力無法解決的問題時，還是來到神的面前懇求神的憐憫。在本章的經文裡，我們明顯看到：他不能與所多瑪城民混在一起，正當他一個人孤伶伶地坐在城門口的時候，看到天使就馬上認出來，即時起來迎接他們，也懇求留在他的家裡接受招待。事實上，神也按應許愛他到永遠了。因此當所多瑪城民要害他的時候，天使伸手拯救他（參考創世記十九章10節），也藉著天使的口跟他說：「你這裡還有什麼人嗎……將他們從這地方帶出去……免得你因這城裡的罪惡同被剿滅。但羅得遲延不走。二人因為耶和華憐恤羅得，就拉著他的手和他妻子的手，並他兩個女兒的手，把他們領出來，安置在城外……」（創世記十九章12～16節）神又對他說：「你要速速地逃到那城；因為你還沒有到那裡，我不能做什麼。」（創世記十九章22節）

　　一次聽到基督福音信而接納時，就被證明為神永遠的兒女了，神必永遠保護、引導、賜福給他（參考腓立比書一章6節；約翰福音十章28節）。歷史上，魔鬼撒但攻擊神的教會的最大詭計，就是藉著不懂得救奧祕的證道者，一直強調「當信徒失去信心或犯了嚴重罪惡的時候，會失去救恩」。魔鬼知道：**最能使聖徒信仰生活致命的莫過於沒有「重生的確據」這堅固磐石，使聖徒信仰生活的開始、過程、結果都是沒有根基的空中樓閣，不過是海市蜃樓的虛影罷了。**

　　若聖徒沒有掌握「重生的確據」的根基，絕不能得著神的應許，因此也無法得著聖靈的感動和引導，必無法享受實際與神對話的禱告生活，也無法享受凡事上有定見、與神同行、過得勝有餘的生活。**因為「得救」這一事，乃是神自己預定、神自己開始、神自己成就的事（參考以弗所書一章4～14節；約翰福音一章12～13節），所以必是「一次得救，就永遠得救」**；也因著相信與基督同死、同復活的十字架福音而重生了，所以若須再死一次，豈非基督十字架的救恩尚未完全？事實上，得救的生命，靈裡已與基督一同坐在天上了（參考以弗所書二章6節），所以絕對無法失去他已得的永遠身分和歸屬；因在他生命裡已有聖靈的印記，聖靈既居住在他心靈裡，必永遠保護、引導他，天軍天使也隨時隨地服事他，他絕對無法失去永遠的救恩。

　　關於「得救會失去」之說法，有人常引用如希伯來書六章4至5節、約翰福音十五章2節的經文，但這兩處所指之人，並非已經蒙恩得救的人，乃是「雖與教會信徒混在一起，也看過、體驗過降臨在神子民團體裡的天恩，但從未得救，總有一天從屬靈團契裡被革除」的人。

　　那麼，哪些人才是神的兒女？**被稱為神的兒女的根據，並不在於那些生命生活有否改變、或有無特殊經驗，甚至也不植根於「時常會被搖動起伏的信心」，乃要看「他是否為神親**

135

自生的」。惟獨神所生的，才是神的兒女了，如同我們的孩子之所以成為我們的孩子，不在於他們的行為、經歷，甚至信心，只在於是不是我們親自生的。

那麼，誰才是神親自生的？神的話說：就是那些「藉著神所差派的福音使者而有機會聽到福音，並且聽福音之時，藉著神的靈的感動相信耶穌基督，接納祂為唯一永遠之救主」的人。故此，若非神所揀選的兒女，便沒機會聽福音，或聽了也無法接納基督為自己生命的主（參考羅馬書十章13～17節；哥林多前書十二章3節）。像羅得一樣，無論如何軟弱、失敗的聖徒，若他們是神所生的，就是神的兒女了，神必保護他們、引導他們、賜福給他們直到永遠。神的兒女無論怎樣的軟弱，他們的本性和生命體質就像「綿羊」，確實與滅亡之子完全不同。哥林多前書五章5節中也指著行淫亂的聖徒說：「要把這樣的人交給撒但，敗壞他的肉體，使他的靈魂在主耶穌的日子可以得救。」由此我們可知：**蒙恩得救的人的行為和果子，是與永遠的冠冕有關係，與得救本身無關的。**又在哥林多前書三章14至15節裡說：「人在那根基上所建造的工程若存得住，他就要得賞賜。人的工程若被燒了，他就要受虧損，自己卻要得救；雖然得救，乃像從火裡經過的一樣。」蒙恩得救的聖徒裡，也有兩種，其一只是「蒙羞」的得救，另一種是不但得救也得永遠豐盛的冠冕。所以蒙恩得救之

後的生活仍然非常重要，聖徒的生活，誠然與自己永遠榮耀的基業和後代的蒙恩、蒙福絕對有關。但若一個軟弱的聖徒不斷地受到神的指責和管教，仍不順從時，神更是為那人的緣故，不得不滅他的肉體，將他的靈魂帶到國度去。他的後裔非但不能領受蒙恩的屬靈遺傳，甚至有時就像羅得一樣，他的兒女又開始出現不認識基督的非信徒後裔。

3.每日成功、永遠成功的聖徒

聖徒重生之後，他在地上的生命和生活，實在是帶著神聖的使命和永遠的祝福。重生的生命，藉著剩下的時光，繼續得醫治而成聖，與神同行而擔任神所預備國度的事工，而得著永遠公義的冠冕。他生命所肩負的使命，就是要繼承和發展歷代信心的祖先在他們地上的日子裡所擔任而留下的永遠國度的事工，並將自己做不完的事工留給後來的世代。

亞伯拉罕是繼承了亞伯、以諾、挪亞的基督信仰而得救，得救之後，走上成聖的道路，一生與神同行的過程裡，在許多人面前見證神，也生出應許之子以撒，更用神的話和基督應許養育他，然後將這神聖的使命留給以撒而走了。他的屬靈遺產，又繼續經過雅各、約瑟，傳遞給摩西和以色列民。雖然他的生命回歸到天上的國度，但他的信心和行跡，

會一直持續到世界末日，在神民中被見證。

身為當代聖徒的我們，是繼承了亞伯拉罕、摩西、大衛、使徒的基督信仰而得著重生的生命，剩下來的時光靠著神的恩典成為聖潔，結出許多內在生命的果子和傳福音的果子，再將「世界福音化」的神聖使命留給我們的兒女和門徒，然後返回天國去。縱使我們已經離開世界而居在天國，我們所留下來的信心的榜樣、禱告和所撒種的事工，一直到主再來，仍會繼續不斷地發芽、開花、結果。但那些像羅得一樣屬肉體的基督徒（參考哥林多前書三章1節），則非常遺憾，不但自己不能得著那永遠榮耀的冠冕，甚至已經臨到自己家門的那永遠榮耀的救恩，也只是單單自己領受就中斷了。

一個聖徒，為了在地上的生活裡天天成功，並要進入永遠的成功，最重要的乃是「信心的磐石」（參考馬太福音七章24～27節），也要在那磐石上建立正確的信仰系統。那最重要的信仰磐石，就是「重生的確據」。

如前所述，那些不確實認識「重生的奧祕」，也沒有「重生的確據」的信仰生活，只不過是空中樓閣而已。其實，像羅得一樣的聖徒，其失敗的理由，並非因他們的信心、禱告和獻身不夠而恢復不了聖徒身上應該有的生活見證和能力，事實正好相反，他們失敗的理由，是因他們還未清

楚掌握「重生的奧祕」和「重生的確據」，所以無法在那信仰的磐石上面建立自己生活的方向和計畫。

當一個聖徒完全掌握了「重生的確據」之後，才能接納以弗所書一章15至23節所講重生帶來的永遠的「指望」、永遠榮耀的「基業」、能享受充滿萬有者所充滿之「能力」。也只有那些得著「重生的確據」的人，才能相信「舊約」和「新約」裡神的一切應許，全是神與他立約要賜給他，並讓他享受那些應許的成就。從他相信神的應許開始，因他相信神永遠與他同在，在自己一切的條件和環境裡，都能看見時常與他同在的神。又因他相信永遠國度的應許，以至於他決斷自己生命的目標和方向，必會為自己所屬的那永遠國度而活，並且從那決斷之後，他才能在每天的生活裡，看到神的引導。從他正式相信神的話和應許而得著「定見」之後，就能享受聖靈所賜的感動和能力、能與神深深地對話禱告。並且，因他深信應許的緣故，也知道基督完全得勝的權柄永遠與自己同在，所以，即使生活中遇到問題時，也能帶著已得勝的眼光來判斷問題，所以能得著凡事感恩而喜樂的正確答案。且將這一切屬靈的奧祕分享給周圍的人，並口唱心和地讚美主的時候，神必大大地使用他的生命和見證來拯救、堅固所預備的靈魂。

結果，因他的生命，他的家庭蒙大恩，地區的使命者逐

漸與他的家庭連結，神要重用的教會也建立起來，地區福音化和世界福音化的事工也因之興起。能每日享受新的遇見、新的恩典、新的成就和新的冠冕，直到自己在地上的時光得著滿足的時候，進入永遠的神的榮耀裡。而自己所撒種、所建立的事工都留給後來的世代，使之繼續無限地發展。

總之，所多瑪、蛾摩拉城的滅亡，對那城民而言，是亞當以來留下的咒詛和審判之結果；對那城裡失敗的聖徒羅得而言，是神嚴厲的管教；但對蒙恩者亞伯拉罕而言，卻成為叫他的生命更加警醒的美好教訓。而他代禱蒙應允，則是神賜給他的冠冕和祝福（參考創世記十九章27～29節）。對那些屬肉體的基督徒而言，這時代的黑暗勢力和各種問題，都是神要鞭打、管教他的工具，但對那些時常警醒為永遠的國度奔跑、打仗、撒種的屬靈基督徒而言，世界的所有問題反成為他拓展福音運動、得著更美好果效的根基和動力！

第二十七章

禱告二十五年的應允

　　耶和華按著先前的話眷顧撒拉，便照祂所說的給撒拉成就。當亞伯拉罕年老的時候，撒拉懷了孕；到神所說的日期，就給亞伯拉罕生了一個兒子。亞伯拉罕給撒拉所生的兒子起名叫以撒。以撒生下來第八日，亞伯拉罕照著神所吩咐的，給以撒行了割禮。……

（創世記二十一章1～7節）

當代基督徒最大的矛盾，就是不能禱告。許多信徒根本不禱告，有些信徒雖禱告了，卻因不知如何與神交通，禱告之後反遭遇更多問題和矛盾。簡言之，基督徒不禱告的主要原因是禱告後看不見果效；但另一群基督徒，是明明知道自己的禱告不見效，卻仍熱心地禱告，是因他們生命裡有嚴重的屬靈問題。

事實上，神創造我們，也重生我們，為的是要與我們交通、藉我們成就祂永遠榮耀的事。因此，禱告的失敗，就是整個信仰生活的失敗。沒有禱告的信仰生活，就像不呼吸卻要活下去，又像旅客努力要到達目的地，卻不確知自己在哪裡，也像不與大本營聯絡而要戰勝十萬敵軍一般。

眾信徒在禱告上的失敗，實因尚未掌握對清心的人而言非常簡單的禱告原理：**禱告是與神對話、與神交通。**所以，禱告之前必要認清：

（1）**神是怎樣的一位神？**

（2）**神已經對我說了什麼話？**

神向我們說：祂是「道」，雖然眼睛看不見，卻滿有公義、慈愛、永遠的目標和計畫，也以祂大能的話創造了宇宙萬物，藉著聖經的啟示將自己的意念和永遠的計畫都告訴我們了；也藉著耶穌基督「道成肉身」的方式來到世界，將天國的奧祕向我們顯明了，並告訴我們今日如何住在我們

裡面，如同祂的道、祂的靈、祂的能力充充滿滿地住在「人子」耶穌基督裡；祂也是個「靈」，藉著我們所掌握祂的話和基督的奧祕來感動和引導我們。若帶著正直的心，聽而信祂的話，祂那活潑的靈就會按時、按事指教我們，並且當我們順從的時候，神的話之能力就彰顯出來，聖靈也會更進一步具體地感動、引導我們。

信徒禱告不蒙應允，是因為禱告不植根於神已經藉著聖經向他們說過的話，只帶著自己的想像、動機、目的和計畫來祈求。他們雖常常聽道，常常學習，卻終久不明白也不能信，是因生命裡有嚴重的屬靈問題，正如以賽亞書六章10節所形容的：耳朵發沉，時常聽而聽不見；眼睛昏迷，時常看而看不見；心蒙脂油，無法得著聖靈的感動。所以他們的禱告大部分是沒有靈裡交感的「形式性禱告」；或是追求特別經驗的「神祕性禱告」；或帶著自己的動機和目的來強求的「祈福性禱告」；或是像外邦人一樣，時常只祈求已經得著的或父必會供應的「孤兒性禱告」。這些禱告，越認真越會使人掉進可怕的矛盾裡。

反之，那些禱告的目的、內容、方法都植根於「神的話」和「基督應許」上的聖徒，是靠著聖靈能滲透神的旨意，懂得確認神如何與自己同在，會發現神具體的計畫和時間表，知道應該祈求什麼和代禱什麼，並有確據將必得著；

也能在禱告中使用神所賜的權柄而打破撒但一切的詭計，擁有得勝的生命、眼光和判斷，將無限的感恩和讚美歸給父神，並期待前面又大又難的事，天天多得永遠的基業和冠冕。

亞伯拉罕終生的禱告項目，等到二十五年之後，終於蒙應允了。神的時間表到了，亞伯拉罕、撒拉已不能生育的身體條件不是問題，那應許之子「以撒」終究藉他夫婦倆出生了。**神絕不食言，必實現自己所立過的約，而且祂要成就的事情，不受人的任何條件和處境的限制，但是神的應允，必到了祂所定的時間表才會來臨。因為在應許成全的整個過程裡，神在要蒙應允的人身上進行非常重要的事。神所重視的，不僅在禱告蒙應允的結果本身，更是在使應允承受者成為能承受應允之器皿的過程。**亞伯拉罕還未得著以撒之前，必要經過真實地信而順從神話語的那二十五年漫長歲月的成聖過程。神的目的，並不在於單單賜給亞伯拉罕一個「人人都擁有」平凡的兒子的事上，乃在於亞伯拉罕徹底領悟「神永遠所願之事」，就是藉著那兒子，彌賽亞將會來臨，也藉著那彌賽亞，要興起神的子民來，列邦蒙福，建立永遠的國度。今日，神仍以相同模式垂聽我們的禱告。神實在盼望：在我們的禱告裡恢復神永遠的願望，更是盼望那些有關彌賽亞、子民、國度的事，每天在我們的生活裡實現出來。所以，主

耶穌教導禱告之時，強調神的兒女禱告的目的說：「願人都（看我的生命和生活）尊主的名為聖，願主的國降臨（在我的生活現場裡），主的旨意行在地上（我每天的生活），如同行在天上。」

亞伯拉罕生命成長的過程，就是他恢復禱告的過程，今日我們成聖的程度，也要看我們恢復禱告的奧祕多少。惟有那些「晝夜默想父神的話語而掌握其精義，並能將它應用在自己每天生活裡而得知神的美意，也努力順從」的聖徒，才能享受每天從天上來各樣美善的恩賜和全備的賞賜，也能看見每天按神的時間表而來的禱告蒙應允。

1.信應許的生命本身，就是完整的應允

神要藉著大有信心的人，成就永遠國度的事工。亞伯拉罕的生命本身，就是神的作為和成就。神藉著自己的形像造了他，並使他聽見神的話，也使他能領受聖靈的感動。**當亞伯拉罕相信神的話的同時，神所賜那永遠的應許已經在他的生命裡都成全了！具體的成就則將在他生命所擁有的時光裡逐一呈現出來。**

擁有信心之亞伯拉罕的生命，就是萬福之源，他的一切條件、人際關係及他所遇見的事，都是神為了成就永遠榮耀

的事所安排的。並非突然某一天「以撒」從別的地方冒出來，乃是透過亞伯拉罕和他的妻子撒拉所擁有的生命，也在他的時光裡，神賜給他的應許之子「以撒」生出來。那應許之子「以撒」，在亞伯拉罕生命所擁有的過去經驗、家庭背景、條件和情況之下撫養長大，也在亞伯拉罕和他的家庭長久以來所遇見的許多事件裡，逐漸瞭解神的救恩和應許。將來，更透過亞伯拉罕的生命所養育、教導的兒子「以撒」，以色列出來，也藉著以色列所擁有的一切條件、背景、狀況和歷史，彌賽亞將會來臨且成長，又透過彌賽亞的寶血使所有神的兒女都蒙救恩，待得救的人數得著滿足的時候，永遠的國度將會來到。原來，相信彌賽亞福音的亞伯拉罕的生命和他所擁有的條件，就蘊含著這些永遠神聖的事工，只是按著時間和歷史的進展，這些事件一個一個顯現出來且都成全了。

當一位聖徒聽到福音而相信的時候，已經被證明——他原是永遠蒙神揀選、蒙神所愛的生命。他不只是神一切的關心和慈愛的對象，更是神帶著自己一切的奧祕和榮光進來且永遠居住的生命。所以聖經說：蒙恩得救的人是神所生的兒女（參考約翰福音一章12節）、神榮耀的形像（參考創世記一章26節）、基督的身體（參考以弗所書一章23節）、神聖的靈所居住的聖殿（參考哥林多前書三章16節）、被揀選的族

類、君尊的祭司、聖潔的國度、永遠屬於神的子民（參考彼得前書二章9節）。因為已經與基督同死、同復活而同坐在寶座的右邊（參考以弗所書二章6節），只要有心必隨時能享受從天而來的各樣恩賜和賞賜（參考雅各書一章17節）；又因為得著聖靈不停的感動和引導（參考約翰福音十四章26節；帖撒羅尼迦前五章19節），靠著聖靈隨時多方禱告（參考以弗所書六章18節），能享受天上、地上所有的權柄和祝福（參考馬太福音十六章17～19節；路加福音十章19節）。因此，並非得救之後，逐日加增應允而漸達到神所賜的一切福分，乃是當他蒙恩得救的一剎那，「賜人應允的那位神」已經全然進入他的生命。再沒有一個祝福或應允比救恩更大了！再者，當他相信神話語的同時，神一切話語所包含永遠的應許已經在他生命裡成全了。那完整的應許，是在每天所遇的生活現場和事件裡，當他靈眼打開懂得享受的時候，必一步步成就出來，且成就著神永遠的計畫。

所以，一個蒙召的聖徒所擁有的生命條件、家庭背景、成長過程及人際關係是何等重要，其中隱藏著神所預備永遠的基業和冠冕。當細心察驗的時候就會發現這奧祕，且又順從的時候，神所賜的恩賜和能力就彰顯出來，也必結出美好的果子。況且，每個蒙恩的生命均有奇妙的生命聯絡網，此聯絡網從自己的家族、後代開始，連結到地區居民及世界各

地；也與從亞當一直到主耶穌再來的所有蒙召之聖徒、聖徒們所擁有的一切基業、永遠的國度都緊緊地連結起來了。

2.在過程裡，按時所得的應允

當神呼召亞伯拉罕的那時刻，就宣佈：亞伯拉罕的生命，就是蒙受神永遠應許的，也將要成為萬福之源（參考創世記十二章1～3節）。亞伯拉罕信了，也跟從了，從那時起，亞伯拉罕的每段生活都在成就神永遠應許的時間表裡進行。

其實，在亞伯拉罕的一生中，最重要的應許，就是生出應許之子以撒，也養育他為神永遠應許的繼承者，正因為如此重要，所以生出那應許之子之前，神叫亞伯拉罕禱告二十五年；且在其過程中，經歷許多旱災和危險（參考創世記十二章）、掙扎和分離（參考創世記十三章）、戰爭（參考創世記十四章）、不信的軟弱（參考創世記十六章）等艱難，也經歷神許多隨時的幫助和豐富的供應（參考創世記十二章）、蒙受更美和更具體的應許（參考創世記十三章）、得了戰爭的勝利和見證（參考創世記十四章）、與神立約（參考創世記十五章）、將應許刻在心版上（改名和行割禮；參考創世記十七章）、恢復代禱（參考創世記十八～

十九章）。當然，對亞伯拉罕而言，得著應許之子以撒固然重要，但在兒子來臨之前經過這許多事件，使他的生命漸漸成聖，方能長成能生養應許之子的生命，其過程同樣極為寶貴。因此，**在他整個成聖過程的每一個步驟裡，所遭遇的事情和成就，原來都是很重要的應允。**亞伯拉罕因為知道這奧祕，所以從他蒙召的那時刻開始，就過著以祭壇為中心、與神對話為中心的生活，努力尋找神每天向他顯明的具體計畫，並努力順從。經過二十五年的禱告，也得著二十五年的禱告應允，逐漸長成能生養將來祝福列邦萬民的應許之子的生命。

　　最重要的應允，總是壓軸好戲，就像在人類歷史裡，「君王耶穌基督的再臨、天國子民都蒙主得著、永遠新天新地的到來」，是最重要的應允了，所以等到歷史的最後一刻才來臨，並且來之前整個歷史裡所發生的一切事件，都是為了成就那最後的應允而存在的。同樣的，雖然那些財富、健康、戰勝等應允，早就來到亞伯拉罕身上，但最重要的應允，就是應許之子的來臨，必等到亞伯拉罕的生命最成熟的時候才來到，並且前頭二十五年的過程裡所得之一切應允，原來都是為要得那最後的應允而預備的。

　　顯然，**聖徒得著了神，就是已經擁有了一切的一切。那永遠無限的祝福，會藉著他們一生的時間、空間、事件繼續不斷**

地呈現和成就。但是，一位聖徒在他所遭遇的所有事件裡，都能蒙應允，是從他真正掌握了神要賜永遠福分的內容、得著自己終生標竿和禱告項目之時才開始的。

神賜給聖徒永遠的福分，就是耶穌基督，亦即——

（1）得著基督死而復活的生命。

（2）也活出耶穌基督神聖的生命和生活。

（3）得著基督的羊群而建立基督的國度。

但是，即使是已被揀選為神的子民，若尚未清楚認識基督奧祕，就必如羅得，不但不能享受神所預備豐盛的福氣，反而一生徬徨、懼怕和憂慮。而那些真正得著基督裡永遠異象的聖徒，在得異象的同時，過去他所經歷的一切經驗、現在他所擁有的一切條件、將來遇見的一切時光和事件，都分別為聖成為神的應允和祝福。他會擁有能常常喜樂、凡事謝恩、凡事得勝的答案。他遭遇的事無論是缺乏或富有、苦難或亨通，都已成為得基督的基業之過程中所得的應允了。

這奧祕，是惟有那些（1）知道自己就是已經蒙受永遠祝福的生命；（2）已經得著永遠的標竿；（3）為得更具體的應允，時常以祭壇為中心、禱告為中心過生活，隨時察驗何為神所喜悅的旨意，而享受天上各樣屬靈的恩賜的聖徒，才能享受神在他們人生每一個腳步中的引導及應允。他們所經歷的貧窮，將成為能使人恢復神一切豐富的應允；他們所

遭遇的失敗，將成為帶來成功智慧的應允；他們所遇見的苦難和逼迫，將成為開啟又大又難之事的應允。掌握並享受此種禱告蒙應允的人，在時常與神同行、看見神的引導和成就的過程中，終會發現——自己的生命已成了家庭、地區和時代的祝福，起初蒙神呼召的時候所得著那基督裡的應許，已完全成就的事實。

世上沒有一個未經過程的結果，沒有經過今日，絕不會有明天。對那些不能享受今日已在自己的生命、時光和現場裡隱藏著的神完整的榮光、慈愛、能力，卻仍停留在內疚、自卑和埋怨的時光裡的人而言，明天更美麗、更豐盛的應允是絕不會來臨的。**透過地上的生涯，神要得著的，並不只是最後的結果，更是那些在長久歲月的各種景況裡，與神共度、共享的許多故事和見證。**

3.禱告所帶來的應允，都是神蹟

當聖徒禱告的時候，神就施行神蹟異能！神賜應許給亞伯拉罕說：賜給他一個應許之子。亞伯拉罕信而禱告等候，時刻一到，神就用神蹟的方法生出以撒來了。藉著九十歲形如枯木的老太婆身體，生出了要祝福萬民的兒子以撒。

事實上，**聖經是記錄神蹟的書，聖徒是相信神蹟而期待神**

蹟的子民，神透過期待神蹟的聖徒每天施行許多奇妙的神蹟。

聖經的第一句話就記錄：起初，什麼都沒有，神說有就有了天、有了地和其中的萬有。我們人的生命也是藉著神蹟而造的，神親自塑造之後，將神的靈吹進鼻孔裡，那一塊泥土變成活人，起來與神交通，治理神所造的萬物。

所謂聖徒，就是相信聖經所記錄全部神蹟奇事的人。他們相信——

．兩、三百萬的以色列百姓將羔羊的血塗抹門框的那夜，全埃及的長子被天使滅絕，法老懇求他們快快離開埃及，他們就帶著埃及的財寶出去。

．當走到紅海，紅海就分開；踏進曠野，曠野就開了道路；沙漠裡噴出活水成為江河；從天上掉下嗎哪和鵪鶉來。

．童女因聖靈感孕而生了彌賽亞耶穌；水變成葡萄酒；五餅二魚餵飽五千人；死了幾天的拉撒路從墳墓裡走出來。

凡認識神、相信神和期待神的人，真是有福的。**正確認識而相信神的人才能有合乎神水準的禱告，並每天能享受神所賜神蹟性的應允**。固然諸如紅海分開、瘸腿起來、死人復活等奇事也是神蹟，然而神更喜悅每天所行的神蹟，就是——

．藉著信而期待神的聖徒的禱告，使天門打開、聖靈動工、天軍天使被動員、黑暗勢力被挪開、死的靈魂重生而看見、聽見神的神蹟。

‧因著心靈深處的疾病，時常被憂慮、懼伯、埋怨和絕望的靈折磨的人得醫治，而恢復喜樂、自由、感恩、讚美等的神蹟。

一旦聖徒的心靈發生神蹟，就能改變周圍的人及所處的環境和條件。而且神蹟必帶來另一個神蹟，叫他神蹟般地遇見許多貴人和貴事，遇見又帶來另一遇見，神蹟接連不斷地展開。

事實上，在天地之間，人的心靈所發生的神蹟，因奇妙的生命鎖鍊而衍生出永不止息的神蹟，遠比那些「一閃即逝之後，不再發生的偶發性超自然」的神蹟更重要，意義更深遠；換句話說，**藉著那些信而期待神的聖徒的禱告，蒙恩的時光和蒙福的門被打開，蒙恩的人和事件之間彼此連結起來，所成就神永遠國度的事工的神蹟，才算是最高水準的神蹟。**此種神蹟，正每天發生在靠信心與神同行的聖徒們的生活現場裡。要享受這種神蹟並不難，也不需特別的條件，只要以正直的心靈，毫不折扣地相信所聽到的神的話，也以聽到的話語為基礎，開始與神對話，必發現神的作為。他所信的話語就成為聖靈所賜神的聲音，按時按事件感動他、引導他。真正發現神的引導之人必會順從神，順從時會開啟神蹟奇事的門。這奧祕，就是惟有那些深信神永遠的應許，也相信神的應許每日在自己的生命、家庭、地區和全世界裡發生，並

願以禱告祭壇為中心生活的人才能享受的祝福。所以哥林多
前書二章9節就說：「神為愛祂的人所預備的，是眼睛未曾看
見，耳朵未曾聽見，人心也未曾想到的。」

　　但願各位能成為真信神的話、將永遠生命的目標定準於
神所賜的應許、實際地禱告、每天享受神所行奇妙神蹟的
人。

第二十八章

應許內外：以撒和以實瑪利

……當時，撒拉看見埃及人夏甲給亞伯拉罕所生的兒子戲笑，就對亞伯拉罕說：「你把這使女和她兒子趕出去！因為這使女的兒子不可與我的兒子以撒一同承受產業。」亞伯拉罕因他兒子的緣故很憂愁。神對亞伯拉罕說：「你不必為這童子和你的使女憂愁。凡撒拉對你說的話，你都該聽從；因為從以撒生的，才要稱為你的後裔。至於使女的兒子，我也必使他的後裔成立一國，因為他是你所生的。」……

（創世記二十一章8～21節）

看一個人的心懷意念，就能預知他的明天！擁有挪亞、亞伯拉罕、摩西、大衛、保羅等人所擁有過的目標、計畫、內容和方法的人，將來必會遇到這些信心偉人所遇到過的蒙恩、蒙福的事；擁有挪亞時代、巴別塔時代、埃及時代拜偶像拜鬼的人的思想、目標、方法的人，將必會遇到挪亞時代的審判、巴別塔時代的變亂和埃及所受的災殃。從古至今，聖經和人類歷史都未曾例外地證明這事實。擁有回教思想的人，單從目前回教地區人民的生活和狀況裡，就能看見自己及後裔的未來；持著佛教價值觀的人，則從目前熱心信仰佛教的地區的人民生活的光景裡，就能看見自己與後裔的未來。同樣地，**擁有著基督的世界觀、歷史觀、人生觀的人，則必將遇見過去和現在深信基督福音的人、家庭、時代裡發生過的事**。無可諱言的，屬靈的原理比任何科學的原理更正確，藉著一個人所擁有的思想便會知道他的心靈連結於怎樣的屬靈背景。

從亞當不信神的話、聽從撒但的欺騙而犯罪之後，他的後裔都在離開神的狀態裡出生，隨從世界不認識神的學問和風俗，在邪靈的首領之下生活，一生所想所言所行的全都是罪惡，在如此離開神的狀態裡過世，死後必要面對永遠的審判。人惟獨藉著相信神所定耶穌基督死而復活的奧祕，才能從肉體、罪根、邪靈的捆綁裡得釋放而恢復神的話和聖靈，

才能享受與神交通和同行的福氣。**這重生之道，並非因人的努力尋找而能得的，而是神自己主動選召人，使他們聽而信福音而成就的。**因此，凡重生的人都知道自己的生命和條件全是神的作為，且知道神呼召他之前已經預備永遠的道路和所需的一切，所以從重生之後，他們努力尋求神的帶領來生活。相反的，還未重生的人，則仍帶著自己的眼光、動機、目的和方法，要努力開拓自己的人生道路。

重生與否，其生命狀態、目的、內容、方法是完全相反的，理所當然的，他們所遇到的結局也必完全不同。蒙神憐憫的人，必得神憐憫的人要得的結局；認識神、愛神的人也必得愛神的人該得的結果；不相信神、不順從神的人自然也必得不順從神的人該得的結局。

1.以撒和以實瑪利

聖經不斷強調說明兩個族類：認識神的與不認識神的、相信基督的與不相信基督的、在聖靈感動之下活的與在邪靈欺騙之下活的、活在天國和天使的保護領域裡的與活在世界和空中掌權者捆綁之下的、義人與惡人、蒙福的與受咒詛的等等。這兩種人因為擁有完全相反的生命，連結於完全不同的屬靈背景，所以他們生命的動機和目的、內容和方法完全相悖。人不

能既是義人又是罪人，無法成為神的兒女的同時又成為魔鬼的兒女，也無法成為蒙福人的同時又成為受咒詛的人；是就是、不是就不是，信就信、不信就不信。

從亞當墮落之後，人類分別為兩個族類：一個是繼承認識基督的亞伯、挪亞、亞伯拉罕屬靈血統的永遠的神兒女，另一個是繼承該隱、含、以實瑪利的血統，因不認識基督而仍帶著亞當墮落的屬靈狀態出生，隨從世界風俗和邪靈而生活，且死後必受審判。神藉著聖經裡兩種相反的人物——亞當的兩個兒子亞伯和該隱、挪亞的兒子閃和含、亞伯拉罕的兩個兒子以撒和以實瑪利、以撒的雙胞胎兒子雅各和以掃，都在反覆強調兩種生命的不同，確實因擁有哪一種生命是極其關鍵性的分野：它使人得救或滅亡、永生或永死、聖靈或肉體、祝福或咒詛等。

亞伯拉罕得了兩個兒子——以撒和以實瑪利。雖似同根生，但以撒是在亞伯拉罕和他的妻子撒拉都老邁不能生育的條件裡，因信神的應許、靠著神的能力而生的，是要繼承亞伯拉罕基業的應許之子；以實瑪利則是因亞伯拉罕和撒拉不信神的應許、靠著人的能力而藉使女夏甲生的肉體之子。所以，雖然兩個兒子同出於一個父親，也在同一個環境、同樣的教育下長大，但是他們兩個的為人、生命的目標和方法卻完全背道而馳。

　　繼承亞伯拉罕屬靈生命和基業的就是以撒，他真信了神藉著父母亞伯拉罕和撒拉所啟示之神的話和應許，並每天藉著禱告能享受自己所信的內容和應許；確信自己是神所揀選的神永遠的兒女，因此清楚知道自己來這世界的理由、目的和永遠的歸處；得著了能看見每日凡事上與他同在的以馬內利神之眼光；時時察驗神所喜悅的美意而努力順從；完全相信神必賜給他美好的賞賜而期待，因此享受了從天而來的神豐富的慈愛和恩典。

　　在他青少年時期，透過在摩利亞山上自己生命被獻為祭物的事件，得知自己的生命就是完全獻給神的「活祭」，又藉著神所預備的替代羔羊明確地領悟了基督的奧祕。此外，他是個順從神一切安排、安然等候的兒子，絲毫不著急地等到四十歲，才娶了神所預備的妻子「利百加」，更是邊禱告邊等候二十年之後才得了兒子。所以，神的賜福繼續不斷地來。時常喜悅神、順從神的他，果然有太多的證據證明他是被揀選的神的兒女，也是萬福之源。諸如，一年耕農得著了一百年的收成；無論搬到哪裡都得了美好的水井，縱因非利士人的侵擾多次遷移，結果最後得著一個水井，是一切泉水的根源；偶爾亦遇到危機，但危險卻轉為機會；每次遇到問題，問題就變為祝福。

　　他一生豐豐富富地享受父親亞伯拉罕所享受過的天上、

地上和永遠的福分，並將永遠的基業傳遞給後裔。甚至，歷史的主角以色列和基督由他而出，列邦萬民都因他的後裔蒙福。所以，神那「高舉一位永遠的君王，召聚永遠的子民，建立永遠國度」的事工，藉著以撒一人的生命繼續發展下去。

反觀以實瑪利是不認識神的屬肉體的人。他不懂得小時候與父親亞伯拉罕一同受割禮的真義，不瞭解也不信每當父親獻「流血的祭」時教導他的基督救恩。他所關注的只不過是「肉體的情慾、眼目的情慾、今生的誇耀」，又因不認識神，所以時常戲笑且逼迫神所愛的弟弟以撒。他的為人正如創世記十六章12節所預言——像個野驢，喜歡打仗的事。由本章經文亦可知，他長大之後住在曠野，成了弓箭手，又隨意娶了不認識神的外邦女子為妻。誠然神賜給他屬肉體方面的興旺，叫他生養眾多，後裔成為大國，然而他的生命與應許之民所能得的屬靈的、永遠的福分完全無關。反而他那屬肉體方面的生養眾多卻成為神的子民以色列的困擾，正如神所預言的，直到如今，他們住在兄弟以色列的東邊（阿拉伯），繼續與以色列民爭戰。其實，神賜給以實瑪利和他的後裔屬肉體的繁盛，其理由就在於用他們的剛硬來分別、訓練以色列。

正如從亞伯拉罕的身上出來的不都是應許之子（參考羅

馬書九章7～8節），今日即使來教會裡相聚的，也並不都是神的兒女。在歷史上，神的教會裡，時常有麥子和稗子、好的魚和不好的魚（參考馬太福音十三章24～30、47～50節）、綿羊和山羊（參考馬太福音二十五章31～34節）、好牧者和偷竊殺害的盜賊（參考約翰福音十章10節），都相聚在一起。惟有那些相信亞伯拉罕所信、所仰望、所看見之彌賽亞（基督）而得著基督的靈之人，才是神的兒女，也是神永遠的子民。

有些人無論多麼熱心來教會參加各種聚會，但不認識基督的寶血與自己生命關係的人，仍未得重生，只是帶著肉體與聖徒攙在一起的外邦人罷了。那些未重生的基督教徒的生命，是尚未領悟與基督同死同復活的奧祕，且尚未領受聖靈，因他們仍然懼怕神，可知他們的心靈還是與神為仇的關係；又因為他們還未領受聖靈也不認識聖靈的奧祕，所以他們的信仰生活只停留在律法、形式、神祕、宗教的範圍繼續打轉而已。

雖然，在同一個時間、場所和條件裡一起崇拜、禱告和讚美，但已經重生的和還未重生的兩種人生命的狀態、對神的回應和結果卻完全迥異。認識基督而重生的聖徒，越來越喜樂、感恩、盼望，並且所盼望的事不久將成為應允實現。相反地，尚未重生而過宗教生活的基督教徒，則越來越矛

盾、心靈枯乾，且在教會裡時常引起各樣問題，終於落至嚴重的結局。

2.被趕逐的以實瑪利

以實瑪利非但不能承受亞伯拉罕的基業，反而時常逼迫應許之子以撒，時間表一到，不得不要離開亞伯拉罕的家庭。正如，雖一同出埃及、過紅海的以色列民，並非都是神的子民來承受迦南地的基業。待神的時間表一到，麥子和稗子、綿羊和山羊、好牧者和盜賊，自然被分別出來；日子到了，沒有生命的枝子必從真橄欖樹（參考羅馬書十一章17節）、葡萄樹（參考約翰福音十五章2節）上剪去。所以，神暫時任憑他們與聖民同處全是為著聖民，時間到了會從聖民中分離他們。縱使不認識神的族類，不斷地逼迫認識神的族類，但是他們從未勝過神的聖民。屬肉體的人不能判斷屬靈的人，屬靈的人卻能判斷屬肉體的人。因為屬肉體的人不懂屬靈的奧祕，所以時常嫉妒、逼迫屬靈的人。

從人類歷史首頁起，不認識神的外邦族類始終不斷地逼迫亞伯、挪亞、以色列、基督徒，這是因為在兩者背後所動工的靈互異。這就是神在創世記三章15節預言「女人的後裔（基督和成為基督身體的聖徒）要傷古蛇（撒但、邪靈、魔

鬼）的頭，古蛇要傷女人後裔的腳跟」的成就，也是啟示錄十二章1至12節所提及：大龍要吞吃婦人生產的孩子，又晝夜控告聖徒的屬靈光景。

那麼神為何任憑大龍、古蛇、撒但、魔鬼、邪靈的作為？乃因神在設立君王基督、召聚基督的身體天國子民、建設永遠國度的事工上，撒但反面的工作確是暫時需要的。在如埃及般的黑暗世界裡，神藉著基督的寶血分別祂的聖民，也精煉和潔淨他們，更使他們得勝而得永遠的冠冕。這正如羅馬書九章17至23節所說：神使法老和埃及強盛，又使他們的心剛硬，都是為著神永遠的子民。其實，並非神使他們原來柔軟的心靈變為剛硬，乃因他們全繼承了亞當的罪性，一直在撒但的首領之下，原來他們的心靈就是極其剛硬，神只是任憑他們而已。千萬別誤解本章經文的內容，似乎神仍然保護賜福以實瑪利，**事實上，神從未憐憫、喜愛過屬於撒但的族類、神依然照顧並使他們生養眾多的唯一理由，就是暫時任憑他和他的後裔成為大民族和國家，將來用他們的剛硬試探、逼迫以色列，使以色列的生命與他們分別，得聖潔且得勝、得著冠冕。**而凡從未聽過福音，或聽也不能相信的非信徒，均是根本不認識神的人，都仍居於亞當的罪和審判之下，是屬於撒但的族類，都是在咒詛之下出生、生活直至死亡。

　　一旦日子到了，以實瑪利逼不得已要與以撒分離。到了神所定的時間表，突然發生很重要的事情，把信的和不信的自動都分別出來，那些不信而攙雜在一起的必要離開以色列。信和不信的果子，必截然不同，他們的思想、判斷、做事的方法都不一樣。屬肉體之人絕無法瞭解和享受神的事、屬靈的事、天國的奧祕。猶如，同出埃及的以色列民中之非信徒因不順從而拜偶像，終致暴斃曠野；同被揀選為基督十二使徒，卻背叛基督而滅亡的猶大；時常相聚一起崇拜、一同事奉，最後慘遭淘汰出局的亞拿尼亞、撒非喇夫婦等不信的族類，絕不能欺騙神和神的子民，至終必從聖民中被趕出來。

　　不過，神的教會在此要特別謹慎注意主耶穌基督在馬太福音十三章27至30節的教導：不要用人為的方法將稗子從麥子裡分別出來，恐怕因人為的判斷，連好的麥子也被薅出去。事實上，以實瑪利離開以撒、非信徒離開聖徒的時間表，完全掌握在神手中。教會不能隨便判斷誰是非信徒，因為今日不信的可能明天會信，應該將分別非信徒的事完全交託主，只要天天努力更明確地分享基督的奧祕、福音的精髓和重生的奧祕，叫真正的聖徒更得著堅固不被非信徒搖動，也盼望原來不信的能有一天明白過來成為聖徒。

3.誰是今日的以撒？

今日的以撒，在地上的日子，能享受以撒一生所享受的一切福分，在將來永遠的時光裡，也能與以撒同享藉著自己後裔多得的永恆基業。那麼，誰是今日的以撒呢？今日的以撒並非擁有特別的條件或熱心而活的人，乃是遇見了以撒所遇見的神，持守以撒的永遠目的和思想，在凡事上察驗神所喜悅的美意而順從的人，也是具備以下五個以撒（及所有蒙恩的人）所擁有之證據的人。

（1）有重生的確據

以撒還未出生之前，神已經預言，藉神創造性的能力而出生。

今日的以撒，必像以撒一樣有確據：深知自己的生命是神所揀選、神所生的；若非神所生，無法聽見福音，即使聽見也無法領悟亦不能信，更無法經歷重生的變化（參考約翰福音一章12～13節；以弗所書一章4～14節；羅馬書十章13～17節；哥林多前書十二章3節）。因此，他一信了基督，就很快與神打好父子關係，在父所賜的慈愛和祝福裡，享受既自由、又喜樂、又聖潔的生活。因為他深信：生他、召他的父神在未召他以

前，已經都預備了所需用的一切和要走的永遠的道路，所以務要持續尋找神的帶領而跟從。**重生之後與父神建立父子關係（得重生的確據），是信仰生活裡最重要的根基。**這也是魔鬼撒但對歷世歷代基督教會最大的攻擊。信徒走天路不能生根建造的原因就在於——重生的確據不清楚。換言之，**若沒有重生得救的確據，根本無法開始任何屬靈的信仰生活。**

（2）以應許來與神立約並得定見

以撒從父親亞伯拉罕的信仰教育裡已知悉、領悟並確信神永遠的應許，神親自向他顯明且一再與他確認（參考創世記二十六章23～25節），以撒就為著向他顯明的耶和華神築了祭壇，並與神立約——一生以神的應許為自己的定見，使應許成為判斷一切事情的根基。

今日的以撒，也就是那些繼承亞伯拉罕、以撒、雅各、以色列、使徒們的應許來正式與神立約的人。他們確信並享受神所賜的應許：（a）永遠的同在；（b）凡事上的引導；（c）禱告蒙應允；（d）靠主權能得勝；（e）永遠的基業，並將這應許作為自己絕對的定見，掌握此定見且在

隨時、隨地、隨事上確認應許。由於他們有這些
應許所帶來的定見，不但在亨通的時候，甚至在
苦難和逆境中，都能像約瑟、但以理、保羅一樣
更加倍蒙福蒙恩。

（3）禱告並順從

　　以撒是禱告的兒子，也是對神、對父母絕對
順從的兒子。

　　禱告並非靠勉強自己就能做到的。惟有那些
將自己的生命連結於父神、掌握了在自己所擁有
的一切條件和每天生活裡使用神所賜永遠的應
許、得著神所喜悅的美意和計畫的人才能享受
的。

　　今日的以撒，就是那些在自己生命裡，領悟
了神的話、基督、聖靈的奧祕，也能與神對話，
且察驗神的美意而喜歡順從的人。他們藉著持續
的禱告和與神同行的生活，參透神深奧的旨意，
成為屬靈的人，以預知將來的眼光能看透萬事、
判斷萬民。

（4）得蒙賜福的證據而感恩讚美

　　以撒具備許多神時常與他同在及賜福他的證
據。他知道在神的安排之下遇見了「萬福之源」

167

的父母，且在應許的教導裡長大；也遇見了妻子利百加、耕農得了一百倍的收成、每挖地就得了活水井。不但在亨通的時候，即使遇到攻擊或苦難，反蒙受加倍的祝福。甚至外邦人的王亞比米勒也清楚看到神如何豐盛地賜福他的證據，而主動找他請求和約。

今日的以撒，就是那些在自己的一切條件裡，看見神的同在、神的賜福，而常常喜樂、凡事謝恩、時常口唱心和地讚美主的人。因為他們深知：父神既不愛惜獨生兒子耶穌基督為「我」捨了，豈不也把萬物和他一同白白地賜給我們嗎（參考羅馬書八章32節）？所以在任何的情況裡，以絕對的眼光來看萬事，能看見神的慈愛和祝福而享受，也時常讚美感恩。

（5）萬福之源的生命

藉著以撒的生命生出應許的後代，也因他的後裔使萬民蒙福。像亞伯拉罕一樣，以撒的生命是一塊祝福，是萬福之源。

今日的以撒，就是那些深信自己就是當代萬福之源、當代亞伯拉罕及以撒，而接受耶穌升天之前所賜的應許（參考馬太福音二十八章18～20

節；馬可福音十六章15～20節；路加福音二十四章44～48節；約翰福音二十一章15～20節；使徒行傳一章8節），以「個人、家庭、地區、世界福音化」為自己活在地上唯一目標的人。所以，他們會看重時常與自己同居的家人、自己所住的地區、所做的事業、所事奉的教會、所有的遇見，無論得時不得時務要傳講自己所享受以馬內利的奧祕。因此，每天必有蒙恩的遇見來擴張疆界，一生會看見神透過自己生命所成就又大又難的事；並且，將一生專心展開的福音事工的果子和傳承的遺志留給後代和門徒，而永遠看見自己所留的基業繼續不斷地繁盛。

親愛的弟兄姊妹們，若你已有上述的證據，實在是有福的，也是當代的主角，只要繼續藉著禱告，保守心懷意念，則每日能蒙受也能享受從天上而來各樣屬靈的恩賜和全備的賞賜，將會看見自己生命的影響力無限的擴展。倘若目前尚未把握如此確實的證據，但當你讀這段信息時，能瞭解內容，並渴望得著如此證據，無庸置疑地，你就是神所揀選且已賜福的神兒女。儘快恢復與神之間父子的關係，也接納神的話語（聖經）為永遠父神的聲音，從此那奇妙的世界和時光，必在你的眼前無限展開了。但願藉著本章的信息，讓我

們認清何為今日的以撒，何為今日的以實瑪利，快丟棄生命裡纏累我們之以實瑪利的生命、目標、內容、方法，全然恢復以撒蒙恩的生命，繼承以撒的應許和永遠的基業。阿們！

第二十九章

有證據的信仰

當那時候，亞比米勒同他軍長非各對亞伯拉罕說：「凡你所行的事都有神的保佑。我願你如今在這裡指著神對我起誓，不要欺負我與我的兒子，並我的子孫。我怎樣厚待了你，你也要照樣厚待我與你所寄居這地的民。」亞伯拉罕說：「我情願起誓。」……「你要從我手裡受這七隻母羊羔，作我挖這口井的證據。」所以他給那地方起名叫別是巴，因為他們二人在那裡起了誓……亞伯拉罕在別是巴栽上一棵垂絲柳樹，又在那裡求告耶和華——永生神的名……

（創世記二十一章22～34節）

遇見神的人必會完全改變，因為神進來他的生命和世界裡了。他的眼睛會看見他未曾看的，耳朵會聽見他未曾聽的，心靈會想到許多他未曾想的事；身體會更健康，也會自然流露亮麗的神情。因為生命的主和引導者出現了，所以過去隨己意處事的生活方式改為「認真發現而順從」的方式。神賜福他的證據，在凡事上均能看見，因而必時常讚美愛他的神，同時，他周圍的人也能看見、聽見並感受臨到他生命中的祝福、喜樂、慈愛和盼望。這些生命光景的呈現是再理所當然不過了，因為那位創造宇宙萬物、掌管一切的神已進入他生命裡了。

一個人信而受洗之後，約過了一年，應當要在他生命、生活中看見許多蒙恩的證據和果子。再過五年、十年，則在他家庭和家族裡，必有許多神所賜福的證據，他的家庭應當成為地區福音化事工的中心。神定意如此成就，這是神賜他生命、以耶穌基督的代死將他從罪坑中救拔出來的目的。直到第三、四代後裔，則該要出現像約瑟一樣能祝福全世界的人物了。

在一個人能聽見且能相信福音的事情中，隱藏著神莫大的奧祕。但那些「受了洗開始信仰生活幾年或數十年，其生命和能力卻從未變化，在生活裡也無法看見任何特別證據」的人，則是正困在極嚴重的矛盾裡。若仔細察驗他們的生

命，會發現原來他們的生命尚未遇見真神。或許他們也知道自己的信仰生活確有問題，卻找不出問題何在，也不知該從何處著手修正。其實，他們的癥結在於「遇見神」這最關鍵之處已經出現嚴重的錯誤，開頭不對，後面的一切勢必跟著錯下去。

亞伯拉罕因為真實遇見了神，理所當然，在他所行的一切事上都能發現神同在、神賜福的證據，致使非利士的君王亞比米勒帶著軍長非各（象徵亞比米勒一切勢力的人物），來找亞伯拉罕，向他請求締結和約。此時，在迦南地居民的眼睛裡，亞伯拉罕已不單是在他們中間作客的外來遊民，而是在當地擁有巨大產業的財主，更是連亞比米勒君王也要來求和的重量級人物了。

在本章經文所記亞伯拉罕和當地外邦君王之間和約的事件，實在具有深遠而重要的意義，因為這事件是在應許之子以撒出生、應許之外的兒子以實瑪利被趕出去之後發生的；也藉著這事件預告不久的將來，就如神應許的亞伯拉罕的後裔以色列將要征服迦南地、在那裡建立神國神民之事。而且「迦南」地的屬靈意義是極深奧的，我們將在後文亞伯拉罕為妻子「撒拉」買「麥比拉」埋葬之地時，再詳細分享這一內容。在此我們先以「有證據的信仰」為主題來領受神的祝福。

　　神分毫不差地按著祂所定的時間表，信實而正確地成就自己所賜的應許。重要的不僅在於那應許在最後階段裡的完成，更在於應許完成前的諸多過程本身。到應許之子以撒出生前那段二十五年漫長的過程裡，神在亞伯拉罕生命和周圍環境裡繼續不斷地成就各樣重要的事。神要藉此向周圍的外邦人顯明：祂如何與亞伯拉罕同在、賜福給亞伯拉罕的證據，要為亞伯拉罕的後裔以色列將要征服並統管那地打好根基。這二十五年的過程中，發生了許多事情，藉此讓埃及法老王、所多瑪蛾摩拉的王、非利士的亞比米勒王及迦南地的各族君王都看見明顯的證據——神與亞伯拉罕同在並大大地賜福給他。為了在外邦人面前彰顯這證據，神在其間安排使亞伯拉罕遇見許多艱難的事，也在每一個問題發生的前後，祂總是適時顯現幫助亞伯拉罕；又等到亞伯拉罕、撒拉年紀老邁，再不能生育時才給他們兒子以撒，證明神應許的成就不受任何限制。到此時刻，任何人再也不敢輕看亞伯拉罕及其後裔，更因與亞伯拉罕同在的神之緣故，向他請求將來不要欺負他們的後裔。

　　凡擁有神同在證據的人，都是有福的；而那些在平凡的生活裡，時常能享受神賜福證據的人，則更為有福；尤其在各種艱難問題裡，能發現神所預備又大又難的計畫而能享受神能力的人，是最蒙恩的，神要使用他們來祝福一個時代。

1.靠著信心而得的證據

其實，神隨時隨地都與一切祂所造的同在，並掌管萬有。羅馬書一章20節說：「自從造天地以來，神的永能和神性是明明可知的，雖是眼不能見，但藉著所造之物就可以曉得……」詩篇一百三十九篇7至10節也說：「我往哪裡去躲避祢的靈？我往哪裡逃、躲避祢的面？我若升到天上，祢在那裡；我若在陰間下榻，祢也在那裡。我若展開清晨的翅膀，飛到海極居住，就是在那裡，祢的手必引導我；祢的右手也必扶持我。」

然而許多人不能看見神同在的證據，是因為：不信神的話且不順從，因此神的靈離開人，變成了「肉體」，再無法認識神；也被情慾和虛妄的事捆綁，不能脫離罪的勢力；也繼續不斷地被邪靈欺騙。正如以賽亞書六章10節所描述「心蒙脂油、耳朵發沉、眼睛昏迷」的狀態了。所以，在神自己先向人顯明、向人說話使人恢復神的話、賜給人聖靈讓人明白過來也能信而遇見神之前，人無法靠著自己的聰明和智慧而能遇見神。

亞伯拉罕之所以能成為有福的人，只因他原來就是神所揀選、要賜福的人；也因神向他顯明、向他說話，而他能聽到、相信並跟從了神的話；又因他信了神的話，所以能靠信

心透過神的話，來判斷萬事萬物及自己生命與生活上遇到的一切事情；更因他順從了神的話，理所當然的，在他所有生活腳步裡都能看見神話語的成就。

聽見神的話而相信的人，就在他信神的話的同時，能遇見神的話一直介紹的那位神，也在藉著神的話所造出來的宇宙萬物裡看見神的臨在和能力，並透過因神的話動工的聖靈感動，隨時隨事能聽見神的聲音。神的話（道）成為肉身來到世界，祂就是耶穌基督，藉著祂，我們更具體地明白神的榮耀、恩惠和永遠的旨意（參考約翰福音一章1～18節）。**凡相信耶穌基督道成肉身，並祂口裡講出來的話語之人，也都像耶穌基督一樣，能受神話語的引導，也能享受神話語的成就**（參考約翰福音一章12節，十四章23～26節）。因為神的話說：神隨時隨地與萬物同在，故凡毫不疑惑地相信那句話，必能在宇宙萬物裡看見神同在的證據；因為神的話說：神藉著祂的話和聖靈永遠與我同在，所以只要正直地相信那句話，就能享受神同在、感動、引導的證據；又因為神的話說，我的一切條件、遇見和人際關係都是神所安排的，也都是神的慈愛和祝福，因著相信那句神的話，就能看見凡事上所彰顯神的慈愛、保護和賜福的證據。

外邦人和異教徒之所以不能看見時常與他們同在的真神，反用石頭、銅鐵、木頭製造偶像，把它們當作神來敬

拜，是因為從未聽過真神的話，或者，即使聽了也因心眼蒙蔽而不能信；甚至來教會已受洗的基督教徒之所以不能遇見神，而時常跑到神祕、律法、人為的陷阱裡，是因他們生命裡隱藏著的屬靈問題，將那以「神的話」來找他的真神放在一旁，反去找自己製造出的「根本從未存在過的神」。

「清心的人有福了！因為他們必得見神。」（馬太福音五章8節）**我們之所以不能正確遇見神，是因為我們的心靈不能單純地相信神的話，反繼續尋找能配合自己的眼睛、動機、目的的神。**因為尚未接觸神的話之前，我們的神觀、世界觀、歷史觀、人生觀、價值觀都是沒有始末的一套錯亂的自我思想而已。因此，若未徹底否認自己，想遇見以「神的話」來找我們的神，不只是很難而已，無異是緣木求魚。總之，**宗教和福音是完全不同的。宗教是「努力要更改、修理過去的思想或言行，不能徹底否認自己」；福音卻是「死而復活」、「徹底拆毀，重新建造」。**「信神」不是迷信、盲信、狂信，乃是正確、實際地認識神，是從真正認識此宗教和福音的差異而開始的。

2.尋找（禱告）時才能發現的證據

神每天從不休息地造出新的時光、做出新的事工。當我們回應神的呼召，建立了正確的信心，只要有心與神交通，就能得著神繼續引導、賜福我們的證據。亞伯拉罕能得著那麼美好的證據，是因他無論何時何地，都以禱告祭壇為中心而生活（參考創世記十二章7～8節，十三章4、18節）。他時常努力察驗神的美意，發現後也歡喜快樂地順從，所以能每天看見因順從而被打開的蒙大恩之門。

神的話一直勸告我們說：「這神的話不可離開你的口，總要晝夜思想」（參考約書亞記一章7～9節）「我今日所吩咐你的話都要記在心上，也要殷勤教訓你的兒女。無論你坐在家裡，行在路上，躺下，起來，都要談論。也要繫在手上為記號，戴在額上為經文；又要寫在你房屋的門框上，並你的城門上。」（申命記六章6～9節）叫我們隨時隨地用神的話來看一切、確認一切；又要不住地禱告（參考帖撒羅尼迦前書五章17節），「靠著聖靈，隨時多方禱告祈求。」（以弗所書六章18節）並且禱告時必要察驗怎樣才能使人尊主的名為聖，天國降臨在我的心靈和現場裡，行出父的旨意來（參考馬太福音六章9～10節），時常察驗何為父神的善良、純全、可喜悅的旨意（參考羅馬書十二章1～2節）；同時給我們應許

說：「你們祈求，就給你們；尋找，就尋見；叩門，就給你們開門。」（馬太福音七章7節）

有些信徒雖然認真禱告，但仍無法看見神同在的證據。是因他們的生命尚未確實抓住神所賜永遠的目標、方向和優先程序，並且禱告中未曾掌握以定見來確認、察驗、宣佈、代禱、捆綁、祈求、得著、期待的祕訣。一個聖徒只要願意：

（1）正確遇見以神的話、基督、聖靈顯明的一位真神。

（2）以神的話看透、判斷萬事萬人。

（3）得著榮神、益人、建國的終身禱告項目。

（4）因為愛神，所以能愛神所安排給他的鄰居（父母兄弟、親戚朋友、同事、肢體）並默想如何能祝福他們。

那麼每天從早到晚，神的美意必繼續不斷地向他顯明。那看見神的帶領而喜樂跟從的心，就是最蒙福的以馬內利證據；因為他甚喜樂順從，所以神的慈愛和賞賜更多地跟著來，就是神的祝福日日加增的證據。

每日晨起以信心的眼睛來尋找，馬上能看見一天的祝福；在七日之首，藉著主日崇拜恢復信心而抓住父神的應許，蒙恩的一週就此開始；無論何時，在做任何事之前，先有心察驗神的美意，聖靈就感動我們的心，會明確地指示我

們該如何做。越多經歷如此與神交通的日子，那以馬內利的證據就越明確地向我顯明，我的生命就會每天看見神的作為、聽見神細密的聲音，充滿從天上來的慈愛、恩典、喜樂、感謝、盼望；在我旁邊的人群自然而然會從我身上看見神同在的證據，在他們的心靈裡，也越羨慕、敬畏我的生命，一旦神的時間表到了，他們因此能成為蒙恩、蒙福的生命。

　　已經得著這奧祕的聖徒若遇見問題，那些問題也會成為帶來加倍祝福的重要轉捩點。大蒙眷愛的聖徒遇見了問題，是神要開始為他行另外重要的新事、要他為那事更多地集中禱告的時刻。當他比平時更多地尋找安靜的時間，並願意完全倒空自己來尋求神的旨意時，就能察驗到神所預備又大又難的計畫；當他繼續禱告而保守自己的心懷意念時，就能看見神迅速動工的恩手。就如約瑟當年得著大異象而禱告的時候，雖遇到他兄弟們的嫉妒和憎恨，也被賣為埃及人的奴隸，但因那些艱難的過程，使他能得著成全大異象的門路，能平安地到達埃及；雖然在埃及地又遇到主母的誣告而身陷囹圄，反因此際遇，約瑟才有機會站在埃及法老王面前，成為總理而統管全世界。在苦難和危機裡，約瑟不僅忍耐等候，更是享受與神同行的奧祕，並得著美好的證據（參考創世記三十九章2、21～23節，四十一章38～45節）。

　　事實上，**沒有一人比擁有神同在證據的人更剛強，有證據的人，全世界都不能勝過他。**人人臣服在他面前，也願意謙卑向他學習。歷史上那些憑藉人的智慧和勢力稱霸世界的英雄，都無一例外地落到悽慘的結局；但是，**以神同在的證據來征服全世界的人，他們的生命和名字就如天上的晨星永遠閃爍著榮光。**

3.作見證時倍增的證據

　　神帶領人類歷史的唯一目的，就是藉著耶穌基督的寶血召聚祂永遠的子民、建立永遠的國度。祂召聚子民的奧祕，就在於已經蒙召之聖徒所擁有的生命、生活現場和人際關係裡。所以，恢復神同在證據的聖徒之生命、生活現場和人際關係都具有極重要的意義。從他們發現了神為他們預備的又大又奧祕的計畫，而決斷一生都要為著榮神、益人、建立國度而生活之時起，天天在他們的生命、生活現場裡，會發現蒙神永遠記念的事。當他們發現神賜福他們的證據，開始為神作見證時，傳福音的門藉著他的見證繼續不斷地敞開，他所得著的證據日益加增，且向列邦萬民和未來繼續展開。

　　在亞伯拉罕、妻子撒拉、兒子以撒所擁有的一切條件、現場和時光裡，隱藏著神永遠的計畫，並且每天藉著他們的

生活都成就出來。亞伯拉罕時常透過以祭壇為中心生活，享受天上各樣屬靈的福氣，發現了神的計畫，也看到神的成就，勢必將自己所看到、聽到的告訴撒拉，堅固她的信心，使她成為「多國之母」，一起享受從不能生育的她生出信心之子以撒的福氣。亞伯拉罕又在有生之年，以自己終身享受之神永遠的應許和所經歷之神豐盛的恩典和祝福來全力教導兒子以撒。他又叫在家裡所有的男子都受割禮，使他們與不認識神的外邦種族分別為聖，用神的話教導他們，培養許多對神、對主人忠心的僕人。故凡在亞伯拉罕支搭帳棚居住之地，人人能看見神與他同在的證據；問題來臨時卻更加倍蒙恩，向周圍種族作了美好的見證。連埃及的法老也看到神是他的盾牌和賞賜；四種族的君王聯合起來與五個種族的君王打仗時，亞伯拉罕只帶著三百一十八個家丁迎戰而大大得勝，在諸王、撒冷王及所多瑪王面前作了有力的見證。在迦南地種族中，最有勢力的非利士種族經常來困擾譭謗他，但因許多神與亞伯拉罕同在的證據，終使他們懼怕；甚至亞比米勒王帶著軍長非各，來向亞伯拉罕求和。

在單單二十五年的歲月裡，亞伯拉罕生命的影響力繼續擴張到如此地步。居住在迦南地及周圍的眾族，都在亞伯拉罕身上看到了神與他同在的證據。神奇妙地藉著這些過程，繼續不斷地堅固亞伯拉罕的後裔以色列將要得基業的基礎，

並藉著以色列，彌賽亞耶穌基督將要來臨，成為列國萬民的祝福，亞伯拉罕一生所結的果子如此無限地發展下去。

當證據被傳揚時，又將帶來加倍的證據。一個人正直地相信神的話的同時，他的眼光打開，到處能看見神同在的證據。他若能繼續認識神的話並單純相信，而繼續保持鮮活的眼光來尋找神的帶領時，必在凡事上會看見神的美意和作為，就能成為最有力的見證人。凡看見的都自然地作見證，享受以馬內利的人必擁有非與人分享不可的心靈。時常與他同在的家人是最蒙福的，也是與他一同享受神永遠的應許和基業的，他的家庭被證明為祝福地區的福源。蒙恩的人會遇見蒙恩的人，有證據的蒙恩家庭會遇見蒙恩的家庭。當一群有證據的人相聚同心合意恆切禱告時，一個世代的福音運動就興起（參考使徒行傳一章13～14節，二章1～47節）。

擁有地區福音化、世界福音化異象的家庭相聚，建立起拯救時代的教會，其中必有許多願祝福地區和時代的重要工人和家庭繼續不斷地相聚，神將能拯救時代的以馬內利信息賜給那教會的講臺，也將講臺信息都成就在眾聖徒的生命、家庭、事業和事工裡。藉著聖徒們所擁有奇妙的生命聯絡網，神所賜的以馬內利信息和聖徒的見證繼續地被傳揚開來，不久，許多地區的神子民和重要工人的生命和禱告連結於該教會。當時間表一到，就能差派工人，在各地區建立基

督的教會。有相同生命特質的一群聖徒，原來從幾個蒙恩的人開始的生命運動、傳福音運動、話語運動、醫治運動、門徒運動，將能迅速展開、擴張到地極，如此世世代代進行，直到主耶穌再臨的日子。這就是主藉著使徒行傳的啟示教導我們的最完整的傳福音運動了。今日亦不例外，透過那些實際地相信神的話和應許而享受神的人、家庭和教會，天國的福音事工依然迅速地繼續展開著。凡正投入在那事工團隊裡的人，是真有福的人，他們才是當代歷史的主角了！

第三十章

在試驗中所預備的祝福

　　這些事以後，上帝要試驗亞伯拉罕，就呼叫他說：「亞伯拉罕！」他說：「我在這裡。」神說：「你帶著你的兒子，就是你獨生的兒子，你所愛的以撒，往摩利亞地去，在我所要指示你的山上，把他獻為燔祭。」……以撒對他父親亞伯拉罕說：「父親哪！」亞伯拉罕說：「我兒，我在這裡。」以撒說：「請看，火與柴都有了，但燔祭的羔羊在哪裡呢？」亞伯拉罕說，「我兒，神必自己預備作燔祭的羊羔。」……亞伯拉罕舉目觀看，不料，有一隻公羊，兩角扣在稠密的小樹中，亞伯拉罕就取了那隻公羊來，獻為燔祭，代替他的兒子……

（創世記二十二章1～19節）

這世界並非人們來休息、玩樂、享受一生而離去的地方，乃是要準備永遠國度的地方。從亞當以來的人類歷史，已經被神全盤所定了，這空間、時間只為著（1）**成就基督**的事，（2）**召聚**相信基督的天國**子民**，（3）**建立**基督永遠的**國度**而存在，此外再沒有其他理由了。

在這世界所存的一切萬有，歷史上所發生的一切事件，都只為建立天國這一個目標而存在的。 神將揀選的聖徒暫時放在這世界，就是為了：

（1）從這不認識神的黑暗世界裡，將聖徒的生命分別出來，使他們得著**重生**的生命。

（2）重生之後，透過各樣試驗和問題，使他們得著**成聖**的生命。

（3）也使他們擔當神所預備神聖國度的事工，且將按著他們一生的果子，給他們永遠的**冠冕**，同時賜福他們的後裔。

聖徒在這世界裡，要與基督同死同復活，得著基督的生命而重生；也藉著基督的教訓和聖靈的感化，天天要得著越來越像基督的聖潔生命；並成為基督的身體，一生要榮神、益人、建國，為將來能參與為基督所預備那永遠國度的榮耀而準備。所以，聖徒在這世界裡的生活，就是每天領受從天上來的各樣恩賜和賞賜，來過奔跑、打仗、撒種和收割的日

子，絕不是要安逸度日。聖徒越要蒙恩，所要面對的挑戰和試煉就越大：挪亞、亞伯拉罕、約瑟、摩西、大衛、但以理、保羅等蒙恩之人的一生裡，各樣的試煉、鍛鍊和得勝的事從未間斷，他們在地上的日子，就是每天多得永遠冠冕的時光。

亞伯拉罕是一切蒙恩聖徒的代表人物，神藉著他的一生，完美地描寫了一個蒙恩得救的聖徒，還活在這世界時所必要經歷的試驗、打仗、得勝的整個過程。亞伯拉罕的生命，是為著永遠的國度受造的，也是被神的話和聖靈塑造的神榮耀的形像，是神的兒女、基督的身體、聖靈所居住的聖殿，凡他所擁有的一切條件、事件、時間，都與永遠的國度有關，並且，凡他在地上所受的試驗和試煉，都與他永遠的生命和從他而出的後代的生命有著密切的關係，神將他的生命繼續放在新的挑戰和精煉裡，帶出美好的證據來教導後來的世代。在本章經文中，描寫他生平中經歷的最大試驗的場面，神叫他將兒子作為祭物獻給神。雖然，對常人而言，這真是絕對無法了解的事，但亞伯拉罕因信神在其中的美意，完全地順從，而得著神在試驗他之前就已經預備的永遠的祝福。

神在今日仍然試驗屬於祂的子民，也賜給他們權柄和能力，使他們得勝有餘來榮耀他們。我們若真是蒙愛、蒙召的

聖徒，絕對要確信：現在在我們個人生命、家庭、事業或事奉裡，所遇到的問題和試煉，都是神正在聖潔我們、堅固我們、榮耀我們的過程。但願藉著今日的信息，我們能得著在各樣的試驗、試煉裡，一生都能得勝而蒙受祝福的祕訣。

1.神賜試驗、試煉給聖徒的理由

亞伯拉罕的一生，是繼續不斷地丟棄自己老我的東西、以神所預備的一切來取代的一生。起初，他蒙召的時刻，神對他說：「你要離開本地、本族、父家，往我所要指示你的地去。」（創世記十二章1節）在他還未認識神的時候，他生命裡面的動機、目的、思想、方法，都從不認識神的巴別塔文化（世界）裡得的，因為世界都不認識自己的創造主，所以他的目的、內容、方法都是虛空，沒有始末也沒有過程；因為不懂神的愛，所以都被罪、律法、內疚、審判和懼怕捆綁；因為不知全能神的作為，所以只強調人的行為和熱心；又因為不受聖靈引導，所以完全在空中掌權者邪靈的欺騙之下。直到有一天聽到、信到福音而與基督同死同復活，且領受聖靈，他的生命已經完全變為另外一個帶著新的身分、歸屬、基業、內容和方法的新的生命。

雖然那些剛剛重生的生命，仍習慣於過去的目的、思想

和方法，但藉著神的話和聖靈的感動，能漸漸丟棄老我，而以新生命應有的內容所取代，他的生命逐漸恢復神完美的形像之過程叫「成聖」。神為了使重生的新生命得以成聖，讓他面對許多試驗和試煉，在每一段過程裡，聖徒的生命透過有時成功、有時失敗的經歷，逐漸掌握何為神的美意，越來越恢復神榮美的形像，聖徒的生命越成聖，越能明確地與世界分別，也越能享受平安、自由和得勝的生活。

我們從創世記十二章到二十二章的記錄裡，能清楚看見蒙召的亞伯拉罕的生命逐漸成聖的整個過程，他的生命繼續不斷地面對許多挑戰和問題，同時，在每一個過程中都看到神的預備、幫助和引導，逐漸丟棄仍黏在他生命裡的許多「老我」，而恢復神為他所預備的新的祝福。他丟棄了「本地、本族、父家」，而到「神所指示之地」迦南地去；丟棄了「財物所帶來的捆綁」，而獲得了「東西南北」的祝福；丟棄了姪兒「羅得」，而得著了神藉著他的生命要生的「兒子和後代」；又捨棄了「以實瑪利」，而得了「以撒」。事實上，對亞伯拉罕而言，以撒是比自己的生命更重要的，最後，神用亞伯拉罕最珍惜的生命「以撒」來試驗他，等到以撒的生命成長到最可愛、父子之情最深的時候，神叫亞伯拉罕獻那寶貝的兒子為燔祭，尤其當神如此命令的時候，特別強調著說「你的兒子，你獨生的兒子，你所愛的以撒」。神

要亞伯拉罕的生命朝成聖而長進，要達到他的生命裡只剩下來一位神、只依靠一位神的程度，因為在神裡面什麼都有，所以叫他惟獨抓住這一位神。

「天國好像寶貝藏在地裡，人遇見了就把它藏起來，歡歡喜喜地去變賣一切所有的，買這塊地。天國又好像買賣人尋找好珠子，遇見一顆重價的珠子，就去變賣他一切所有的，買了這顆珠子。」（馬太福音十三章44～46節）還不懂福音、得救、天國、永生價值的聖徒，在他們的信仰生活裡，時常因無價值的東西而受試探、被困擾，還未真正發現「神是誰；我是在神面前如何蒙愛、蒙恩的人；神為蒙愛的我，在天上、地上、永遠的時光裡都預備了什麼」的聖徒，就像羅得一樣只追逐世界的財物和名利，在地上過完全失敗的人生，天上沒有榮耀的冠冕。其實神的心意是盼望神所愛的聖徒重生之後，盡快恢復完美的生命，與神同行，享受神所預備一切豐盛的福氣，領悟羅馬書一至十一章福音精義的結論，就能享受羅馬書十二章1節之「活祭」的生活，且那「活祭」的生活是指羅馬書十二章2節：「不效法這個世界，只要心意更新而變化，叫你們察驗何為神的善良、純全、可喜悅的旨意。」一個聖徒只要能分別要丟棄的和要獲得的，必在地上生活裡天天多獲得寶貝，也能享受永遠榮耀的生命，因此，若在我的生活裡，還有許多困苦和試煉，是意味著——在我

生命裡，還有許多東西是該丟棄的。

2.勝過試驗的祕訣

聖徒能勝過一切試驗的最大祕訣，就是要成為不受試探和試驗的生命。亞伯拉罕的生命，經過與神同行、逐漸成聖的日子，終於到了最高的境界，在經文中，我們未曾發現他在這巨大的試驗裡有任何一句不安或苦悶的內容，反而，我們看到他那麼安然順從神，也期待著神所預備的美好結果的樣子。「人被試探，不可說：『我是被神試探』；因為神不能被惡試探，祂也不試探人。但各人被試探，乃是被自己的私慾牽引誘惑的。私慾既懷了胎，就生出罪來；罪既長成，就生出死來。」（雅各書一章13～15節）已經知道自己的生命是蒙神呼召而得著神的一切的人，因他不存個人的私慾或動機，所以不受任何的試探；對那真正認識神、已經定自己人生的終極目標為「求神的國和神的義」的人而言，沒有一個試探或試煉能打倒他，因為他在自己所擁有的任何條件和所面對的任何情況裡，都會尋找以他的條件和情況如何能在「榮神、益人、建國」的事工上被主使用。誠如保羅，當年在大馬色路上遇見基督的時候，恍然大悟地清楚了自己生命被造又蒙召為聖徒的理由，過後，在他人生中的任何問題裡，他

只努力要發現神許可給他那問題的理由，絕不受那問題本身所帶來的困苦，他的結論是何等簡單，他說：「無論是生是死，總叫基督在我身上照常顯大。因我活著就是基督，我死了就有益處。」（腓立比書一章20～21節）「我已經與基督同釘十字架，現在活著的不再是我，乃是基督在我裡面活著；並且我如今在肉身活著，是因信神的兒子而活；祂是愛我，為我捨己。」（加拉太書二章20節）所以，已經確實抓住了人生的動機、目的和結論的人，能擁有在任何的情況裡都使人得平安、得自由的完美答案。

能勝過一切試驗的祕訣，就是深信許可那試驗的神，已經預備了最美好的計畫和獎賞，並相信在試煉中神必賜力量使聖徒得勝有餘，而在整個過程中帶著由應許而得的定見，努力察驗神的美意和具體的計畫。當兒子以撒問亞伯拉罕「火與柴都有了，但燔祭的羊羔在哪裡」的時候，亞伯拉罕將又簡單又明確的答案給兒子「我兒，神必自己預備作燔祭的羊羔」，希伯來書十一章17至19節說明了這事件：「亞伯拉罕因著信，被試驗的時候，就把以撒獻上；這便是那歡喜領受應許的，將自己獨生的兒子獻上。論到這兒子，曾有話說：『從以撒生的才要稱為你的後裔。』他以為神還能叫人從死裡復活。」那真信神所賜絕對的應許而得著定見的，是真有福的人，他在任何景況裡，都能看見神的慈愛、引導和祝福而享

受。保羅在傳福音、宣教的事工裡，雖然內外遇到了各樣的逼迫和患難，但是，當他被關在監獄裡，禱告之中仍然尋找「時常喜樂和感恩的理由」（參考腓立比書四章4～7節），得了在任何條件裡能滿足、甚至享受神豐富恩典的祕訣（參考腓立比書四章10～19節），所以他所遇到的一切情況，都能叫福音興旺（參考腓立比書一章12節）。

　　沒有一個問題是我們不能發現神美好的計畫、慈愛和賞賜的，在任何問題裡，我們只要抓住神的應許來尋找，則在其中會發現「你們所遇見的試探，無非是人所能受的。神是信實的，必不叫你們受試探過於所能受的；在受試探的時候，總要給你們開一條出路，叫你們能忍受得住」（哥林多前書十章13節）的成就。試探是在它來臨之前就要防備才能突破的，一旦試探成為試探之後，就很難勝過，這句話的意思是指：若平時不能維持聖靈充滿、能力充滿的生命，而突然遇見試探，必無法得勝而跌倒，但那確實地抓住永遠生命的結論，每日與神同行而享受從天上來的各樣美善的恩賜和全備賞賜的人，才能在遇到問題時，不但能勝過問題本身，還能享受神所預備美好的基業。就像約瑟，當他十七歲的時候，得著一生要成就的異象（參考創世記三十七章1～11節），以及享受每日與神同行的奧祕（參考創世記三十九章2節），所以他在兄弟的逼迫、奴隸生活的困苦、主母的誣告、囚犯的

擠壓裡，不但能享受凡事亨通，卻在這過程裡的問題之中迅速地到了三十歲那麼年輕的年紀，便成為埃及的總理，能享受統管全世界、影響萬民的祝福。總之，惟有那些每天穿著全副軍裝，靠著聖靈與主交通而奔跑、撒種、打仗的人（參考以弗所書六章10～18節），才能乘著各樣的挑戰和問題的波浪，快快地成就個人、家庭、地區，世界福音化的大工。

3.耶和華以勒（在試驗中和試驗後都看見神的預備）

若說摩利亞山上的試驗，是亞伯拉罕一生中最大的試驗，則亞伯拉罕一生中最大的祝福也就在那裡為他預備著，神絕不會沒有理由地將試驗和患難加給聖徒。靠著信心上了摩利亞山、也靠著信心將自己最寶貝的獨生兒子以撒獻給神的亞伯拉罕，在那裡遇見了神所預備（耶和華以勒）的救恩耶穌基督和耶穌基督裡的一切祝福。原來，神早就預備了一隻公羊來代替亞伯拉罕的兒子以撒，本應亞伯拉罕獻以撒成為祭物，那隻公羊被獻在祭壇上為燔祭了，這就預表將來耶穌基督代替自己永遠的肢體（天國子民）在十字架上的受苦、受死；並且神賜福給亞伯拉罕說：「論福，我必賜大福給你；論子孫，我必叫你的子孫多起來，如同天上的星，海邊

的沙。你子孫必得著仇敵的城門，並且地上萬國都必因你的後裔得福……」（創世記二十二章17～18節）這應許是要藉著因公羊的代獻活下來的以撒而要來的後裔「基督」所要成就的事。

凡發現這基督的奧祕而相信基督的，都是有福的人，他們就是要領受而享受神所預備天上、地上、永遠的祝福的人了。這並不是因為在他們的生命、言行和信心裡有什麼特別的條件和資格，乃是因為他們就是神所決定永遠要受神所預備祝福的生命，其證據在於他們能認識基督並相信基督的奧祕了。

凡能發現基督奧祕的人所擁有的生命、一切條件和一生所遇見的事，都與基督的事有密切的關係了。所以，一個生命得重生的奧祕，就在於相信摩利亞山上的公羊所預表的基督為自己所成就的救恩，願意與基督同死同復活。那重生的生命，在一生所遇見的問題和試驗裡能得勝的祕訣，在於抓住基督的動機和目的，在凡事上能像保羅在加拉太書二章20節裡所說的信仰告白一樣，隨時隨地都願意丟棄自己，叫基督在自己裡面活著，藉著基督得新生命，也藉著在基督裡的應許能領受天上、地上和永遠的祝福；而享受一切平安、喜樂、自由、得勝的祕訣，更在於認識基督多少；將來領受永遠冠冕的多少也在於成就了基督要成就的事多少。

　　難道神要試驗亞伯拉罕，是為了祂要知道亞伯拉罕的生命成長到什麼程度嗎？不是的！因為神是無所不知的神，所以不經過試驗，也能知道亞伯拉罕的生命已經成長到什麼程度，那為什麼神要試驗亞伯拉罕呢？原來，這試驗亞伯拉罕的一切過程都為著亞伯拉罕，經過試驗的過程，亞伯拉罕進一步地確認並告白自己與神的關係：在他永遠的生命裡，最重要的就是惟獨神一位；也再一次經歷了神在試驗過程裡的幫助；並在試驗之後領受了神所預備永遠的祝福；除此以外，那亞伯拉罕所勝過的試驗，是要成為神賜給亞伯拉罕最高賞賜的根據。

　　沒有一個成長及結果是不經歷過程的，那些沒有經過奔跑、撒種、打仗的過程，只期待神賜福的信仰，絕對無法得著任何獎賞。「祂知道我所行的路；祂試煉我之後，我必如精金。」（約伯記二十三章10節）「我的弟兄們，你們落在百般試煉中，都要以為大喜樂……忍受試探的人是有福的，因為他經過試驗以後，必得生命的冠冕。」（雅各書一章2、12節）「叫你們的信心既被試驗，就比那被火試驗仍然能壞的金子更顯寶貴，可以在耶穌基督顯現的時候得著稱讚、榮耀、尊貴。」（彼得前書一章7節）當蒙恩的聖徒遇見試探和試煉的時候，要喜樂而期待神的帶領，也要抓住集中禱告的奧祕，必要：

（1）先確認透過基督和聖靈向我顯現的過去的神的一切
　　　恩典，也要確認現在以馬內利的恩惠，並要期待神
　　　所預備未來更美好的恩典。

（2）透過神的話和聖靈的光照，更新自己的生命和生
　　　活，察驗有否該加倍堅固的地方。

（3）尋找具體的內容：怎樣藉著所遇見的試煉和問題，
　　　更榮耀神、祝福人。

（4）順從已發現的神的計畫，享受藉著聖靈所恩膏的天
　　　上各樣的恩賜和能力，帶著正面的眼光和喜樂感恩
　　　的心，持續安然地過與神同行的生活。

（5）不久，神所預備又大又奧祕的事被展開，便會進入
　　　新的蒙恩的時間表裡。

　　凡在基督裡已經得著答案的人的結論，就是「常常喜
樂，凡事謝恩，為著享受這恩典，不住地與神交通」（參考
帖撒羅尼迦前書五章16～18節），那些蒙恩的人，必時常遇
見屬神的人，也會遇見時代的門徒，一生能享受征服地區和
世界的時代祝福。

第三十一章

得買應許之地的亞伯拉罕

撒拉享壽一百二十七歲，這是撒拉一生的歲數。撒拉死在迦南地的基列‧亞巴，就是希伯崙。亞伯拉罕為她哀慟哭號。後來亞伯拉罕從死人面前起來……

（創世記二十三章1～20節）

在全世界裡，再沒有任何一個地區比「迦南地」在神眼光中更具深厚意義。

神使亞伯拉罕的孫子雅各（以色列）將他一家七十五口人從迦南地遷到埃及之後，四百年的歲月，使他們成為擁有幾百萬人的龐大民族，然後神使他們經歷了十個神蹟，包括最後在逾越節夜裡擊殺長子而出埃及的神蹟，之後，又使他們經歷了過紅海的神蹟、曠野四十年漂流的神蹟、約旦河水倒流的神蹟，以及在經歷了征服迦南地七個種族、三十一個王的神蹟之後，神所賜給以色列民族的應許之地，就是迦南地。神同時也藉著那地區周圍的幾個頗有勢力的種族，如非利士、亞蘭，並藉著那地區不斷興起的幾個大帝國，如埃及、亞述、巴比倫、波斯、希臘、羅馬，藉由這些種族、帝國的興衰，來繼續不斷地考驗、訓練以色列民族。同時，那地也是神透過祂所差派的祭司、先知、君王來帶領以色列民族信仰歷史的所在地，並向列邦、萬民顯明神的救恩之地。但最重要的意義乃在於：彌賽亞耶穌將在那裡出生、事奉、死而復活、升天，而又會再來降臨於那地。並且，在五旬節時，聖靈降臨在基督的門徒身上，他們起來傳福音，開啟祝福萬民、列邦的傳福音運動，也是從那地開始。

直到如今，在整個二千年教會歷史裡，繼續不斷地引起許多宗教戰爭的導火爭執地點也是在那裡！神呼召亞伯拉

罕，叫他離開本地、本族、父家，到神所指示之地去，就是指迦南地這擁有特別意義的地方。神應許說，要將迦南地賜給亞伯拉罕及他的後裔，且神永遠的國度、子民、君王的計畫將藉著那地成就出來。亞伯拉罕深信了神的應許，一生都寄居在那裡，天天與神同行，漸漸將自己生命的影響力在那地上擴展，並將自己和後裔的基業都安置、建立在那應許之地。亞伯拉罕一生的目標和禱告的主題，就是神的應許成全在自己的生命裡，一直到離開這世界的最後一刻，他也忠心地完成神賜給他的使命。

本章經文記錄著：亞伯拉罕的妻子撒拉去世了，他為亡妻買一塊墳地。聖經不尋常地用了第二十三章整章的篇幅詳細地記載這事，這是為什麼？原來，這事件不是單純購買一塊墳地的事，乃是亞伯拉罕一生的禱告主題，就是獲得應許之地及成全應許這意義非常深遠的事。從中我們要學習，為了獲得神賜給他的應許之地，他那認真迫切的辦事態度；更重要的教訓，就在於亞伯拉罕不是只用一次、兩次特別的機會來獲得了應許之地，乃是用他一生中所遇見的所有場合和事件逐漸獲得那應許之地。

今日，神所賜給我們的應許之地在哪裡？我們該用什麼樣的方法來獲得那流奶與蜜之地？這將是每位認真追求神的信徒要仔細思考並應知道的。

1.購買應許之地的亞伯拉罕

「多國之母」撒拉去世了，雖然「死」似乎是件悲哀的事，但對於擁有應許的聖徒而言，「死」卻是一生賽跑後，終於要進入終點那精彩的剎那，也是得著冠冕而享受永遠福樂生活的開始。所以，詩篇一百一十六篇15節說：「在耶和華眼中，看聖民之死極為寶貴。」

聖徒一生的生命所結的果子，藉著他所留下來的子孫和門徒會繼續發展下去，並將無限地繁衍出新的枝子和果子。被稱為「多國之母」的撒拉，雖然只留下一個兒子以撒，但她離世之後，因著以撒的生命和他所擁有的應許，繼續生出以色列一切的榮光和基督無比榮美的事，且又繼續發展到列邦、萬民的蒙恩。應許之民去世之後，神加倍的恩典還會臨到他的家族和所留下來的豐功偉業上。

妻子撒拉離世後，亞伯拉罕趁著自己還在世時，做好了三件非常重要的事：第一，他在迦南地買了一塊地，作為自己夫婦、兒子夫婦及孫兒夫婦將來要安葬的墳地；第二，娶來蒙恩的女子利百加為兒媳，來繼承應許的血統；第三，將神永遠的應許和自己一生的遺產留給應許之子以撒，他把財物分給他庶出的眾子，趁著自己還在世的時候，打發他們離開以撒，為要保存純全的信仰血統。

　　本章經文中所記**亞伯拉罕從赫人處買墳地的事件，並非單純地為妻子預備一塊墳地，乃是將神所賜迦南應許之地刻在他後裔心中的事，也是在迦南地居民面前，明確地確定自己和後裔擁有迦南地的所有權，更重要的是為將來以色列民征服迦南地所表述的一個重要的意義。**原來擁有這塊墳地所有權的赫人，是迦南地居民中勢力最強的種族，當時他們的勢力已經擴張到整個小亞細亞，已是大帝國的種族了，因此，亞伯拉罕從那勢力最強大的種族手裡取得一塊墳地，這事件所象徵的意義就更特別了。並且，他所領取的這塊「希伯崙幔利麥比拉田地和麥比拉洞」，就是亞伯拉罕為耶和華築了一座壇，並時常敬拜神、與神交通的「希伯崙幔利的橡樹那裡」（參考創世記十三章18節和十八章1節），也是整個迦南地的中心地，將來大衛城要在此被建立而成為猶大首府，也是耶穌基督將要出生的伯利恆。這塊麥比拉洞墳地，繼續扮演著提醒以色列民不要忘記神所賜的迦南應許之地的角色。

　　當亞伯拉罕的孫子雅各帶著七十五個家人離開這地，遷往埃及去時，他的後裔以色列民在埃及過了四百年漫長的歲月，因為有這塊祖墳，以色列民總是不忘記應許之地，而盼著有朝一日要回來這地。亞伯拉罕夫婦和兒子以撒夫婦安葬在這墳裡，雅各還未遷移到埃及之前，也將自己妻子利亞安葬在這裡。當雅各年邁將客死異鄉埃及時，他仍諄諄囑咐兒

子們自己落葉歸根的渴望，說：「我要死了，但神必與你們同在，領你們回到你們列祖之地……你們要將我葬在赫人以弗崙田間的洞裡，與我祖我父在一處，就是在迦南地幔利前、麥比拉田間的洞。那洞和田是亞伯拉罕向赫人以弗崙買來為業，作墳地的。」（創世記四十八章21節，四十九章29～30節）要他的後裔以色列民不要忘記神所賜迦南應許之地。後來，雅各的兒子約瑟離世的時候亦留下相同的遺囑說：「我要死了，但神必定看顧你們，領你們從這地上去，到祂起誓所應許給亞伯拉罕、以撒、雅各之地。」並命以色列的子孫起誓說：「神必定看顧你們，你們要把我的骸骨從這裡搬上去。」（創世記五十章24～25節）因此以色列子孫用香料將約瑟的遺體薰了，暫時把他收殮在棺材裡，停在埃及，過四百年之後，當摩西出埃及時便將約瑟的骸骨帶出來（參考出埃及記十三章19節）。亞伯拉罕在晚年仍然緊抓住神的應許，為後裔所預備的禱告和事工毫不落空地繼續發酵，最終成全了如此美好的事。

亞伯拉罕因為知道買下這塊墳地的重要性，所以買地的整個過程裡，他的態度非常謹慎、迫切。透過「亞伯拉罕就起來，向那地的赫人下拜……亞伯拉罕就在那地的人民面前下拜……」（創世記二十三章7、12節）等等的記錄，我們可以看見亞伯拉罕迫切的表現，雖然那地主人以弗崙不要收錢，

並且慷慨地將那塊地要送給亞伯拉罕，要他儘管用，但亞伯拉罕一定要用四百舍客勒銀子買下，並且又在赫人和城門出入的人面前，讓他們作證而買下來的，其理由就在於他要那塊地的所有權正式歸在自己和自己後裔的身上。

2.用六十二年漫長的歲月取得的地

亞伯拉罕能獲得迦南地中最重要之地，成為自己與自己後裔的基業，並不單因他的誠實或財物得來的，乃是藉著六十二年漫長的歲月裡，向當地居民彰顯出「神與他同在的證據」而得來的。在經文裡，我們就能看到當地居民何等地敬重亞伯拉罕，他們始終都稱亞伯拉罕為「我主」，並把他當作「一位尊大的王子」（原文的意思較靠近「偉大神的方伯」），也說：「請你只管在我們最好的墳地裡埋葬你的死人。」亞伯拉罕還未買下那地之前，就已經完全買好了那地居民的心，自他七十五歲時，如一個客旅般地來到那裡，寄居於外邦種族中間，直至一百三十七歲買下那地為止，其間六十二年時光裡的他的思想、言語、生活和見證，就使他已經獲得那應許之地了。

亞伯拉罕深信神賜給他的應許：「從你所在的地方，你舉目向東西南北觀看；凡你所看見的一切地，我都要賜給你和

你的後裔，直到永遠。」（創世記十三章14～15節）所以他就搬了帳棚，來到希伯崙幔利的橡樹那裡居住，在那裡為耶和華築了一座壇（參考創世記十三章18節），藉此祭壇，他時常遇見神並與神對話，而看透了神為他所預備的永遠的美意（參考創世記十八章1～33節），並在每天生活裡，更細密地察驗且跟從神的帶領，並時常享受與神的對話，因此，他的生活就是見證神的同在、引導、賜福的證據。因為亞伯拉罕深信神對他所講的：「我必叫你成為大國。我必賜福給你，叫你的名為大；你也要叫別人得福。為你祝福的，我必賜福與他；那咒詛你的，我必咒詛他。地上的萬族都要因你得福。」（創世記十二章2～3節）「我與你立約：你要作多國的父……我必使你的後裔極其繁多；國度從你而立，君王從你而出……」（創世記十七章4～7節）因他知道了自己的生命是何等蒙愛、蒙福，所以他看重了自己的生命所擁有的一切背景、條件，以及自己所處的場所。在每一個所遇見的人和事件中，努力尋找神所安排美好的旨意和計畫。更是因為他確信了神的話：「你不要懼怕！我是你的盾牌，必大大地賞賜你。」（創世記十五章1節）所以，他在各樣的苦難、危機、問題、矛盾中，卻更能加倍地享受神所賜的安慰和賞賜，也能得著更有能力的見證，而成為那地、鄰國諸王和居民都認定的「偉大神的方伯」。

亞伯拉罕，在他有生之年裡已經得著了在迦南地裡他應該得的一切，並已享受了，且將自己所得一切基業完好地傳授給後代。亞伯拉罕一生所享受的勝利和祝福，並不在於他的熱心或聰明，乃在於他那種堅持到底的「信心」。**有信心的人，必在凡事上，按自己所信的去看、按所信的來判斷、按所信的去行、並按所信的得著！**

凡蒙召為神子民的，都擁有著與亞伯拉罕完全一樣的生命、應許和未來；蒙召的聖民所用的時光、所站的地方，都帶著特別重要的意義。神絕不會沒有意義地將聖徒的生命放在地上，因此，聖徒的生命一直到離世的最後一刻，都擁有著神永遠的計畫。神將時代的福音工作和祝福，賜給那些深信「神賜給亞伯拉罕的一切應許，就是今日神賜給自己的應許」，並帶著那信心而產生的眼光，來天天察驗自己的生命、條件、遇見、現場、努力尋找神的美意並順從之人。

3. 今日聖徒要得的應許之地

神賜給亞伯拉罕如此永恆、無限、豐富的應許，若單用一句話來歸納，都集中於「我必使你的後裔極其繁多，國度從你而立，君王從你而出」這一句話上。亞伯拉罕的生命所擁有的一切條件、人際關係、一生的時光、遇到的事件，都

是為著成就這一句應許而存在的。神呼召他之後，將自己所賜的應許天天成就在亞伯拉罕的生命裡，使他生命能成為將能生出「子民、國度、君王」的生命，並在他的生命中所遇見的一切事情，都是幫助神的應許成就在他生命裡的事。亞伯拉罕將自己一生所堅固的生活現場、所建立的人際關係、所得著的產業，更將那在他的身上所成就出來的生命，都傳授給應許之子以撒一個人的身上。以撒生了以色列，以色列生了十二支派，他們的後裔極其繁多，建立了以色列國，藉著他們的血統，那位大君王耶穌也降世了，並藉其道成肉身、死而復活、寶座掌權的奧祕，成全了那位君王為自己的聖民要成就的一切事，並且掌握了天上、地上、永遠的權柄了。從那時候起，從前大部分僅局限於以色列民的救恩工作，擴張到列邦、萬民、普天下、地極，一直到耶穌基督再來。耶穌基督設立十二使徒，又給他們權柄和神聖的使命而差派他們說：你們到列邦、萬民、普天下，一直到地極去，作我（君王）的見證，召聚屬我的（子民），繼續建立擴張天國（國度），一直到最後蒙召的一個人得救，使得救的人數得到滿足為止。

　　加拉太書三章29節說：「你們既屬乎基督，就是亞伯拉罕的後裔，是照著應許承受產業的了。」**凡聽見基督福音而相信接納的，都是蒙召的神的子民、基督的肢體、聖靈的聖殿，**

都擁有著與亞伯拉罕、以色列、使徒同樣的應許和神聖的使命。那麼，神賜給今日的亞伯拉罕的應許之地是指哪裡？並且用什麼方法能獲得那地？今日的應許之地不再是指地上任何特別的地方，乃是指擁有神的話、基督、聖靈的聖徒所處的生活現場。而獲得那流奶與蜜之地、得基業的祕訣，乃在於他們每天所遇見的人際關係和事件裡。

已經擁有如羅馬書一至十一章所講的福音奧祕之人，將要獲得的應許之地，就是羅馬書十二至十六章所講的各樣的生活現場；並且每天能獲得基業的祕訣都在於羅馬書十二章1至2節所講，在生活現場裡帶著生命活祭的生命和眼光，時常察驗何為神的善良、純全、可喜悅的旨意。

凡擁有以弗所書一章1至14節所講三位一體神的奧祕的聖徒，都已經得著了神所賜以弗所書一章15至23節所講永遠無限的指望、豐盛的基業、浩大的能力，同時，神所賜給他們的應許之地不在別的地方，就在他們每天所接觸的教會的現場（參考以弗所書四章1～16節）、個人獨處的現場（參考以弗所書四章17節～五章21節）、家庭的現場（參考以弗所書五章22節～六章4節）、事業的現場（參考以弗所書六章5～9節）、屬靈爭戰的現場（參考以弗所書六章10～18節）、世界福音化的現場（參考以弗所書六章18～24節）；獲得那基業的祕訣亦在於以弗所書三章14至21節所

講：「按著祂豐盛的榮耀，藉著祂的靈，叫你們心裡的力量剛強起來……」在聖徒所擁有的一切條件和遭遇的一切事情裡，「使基督因你們的信，住在你們心裡，叫你們的愛心有根有基，能以和眾聖徒一同明白基督的愛是何等長闊高深，並知道這愛是過於人所能測度的，便叫神一切所充滿的，充滿了你們……」又在於以弗所書五章15至21節所講「時常成為智慧人，要愛惜光陰，維持聖靈充滿，明白主的旨意如何，用詩章、頌詞、靈歌彼此對說，口唱心和地讚美主」的生活裡。不但羅馬書、以弗所書的啟示是如此，其實新約聖經每卷書的啟示都是不斷地講說這一個奧祕了。

若引用腓立比書的經文來講，可以說：聖徒應該在凡事上察驗要喜樂、感恩的理由，而保守心懷意念（參考腓立比書四章4～7節），得著祕訣在任何的情況裡都能知足而享受神豐盛的供應，靠著從上頭來的能力，凡事都能作（參考腓立比書四章12～13節）；在生活現場裡所遭遇的一切事都要叫福音興旺（參考腓立比書一章12節）。而一切祕訣就在於：「無論是生是死，總叫基督在我身上照常顯大。」（腓立比書一章20節）那祕訣又在於常「以基督耶穌的心為心」（腓立比書二章5節）「以認識我主基督耶穌為至寶。」（腓立比書三章8節）凡事上「得著基督耶穌所以得著我的……到了什麼地步，就當照著什麼地步行。」（腓立比書三章12、16節）

　　當一個聖徒真正地看透這奧祕而享受的時候，那些時常與他相處的人和遇見他的人是有福的，藉著他的生命，所活出的信息和見證，遇見他的人能聽到又真又活的基督福音，而得著重生的生命，得醫治而成聖，得能力而能活出有能力、有果子的生活，這有生命的福音工作藉著奇妙的生命聯絡網，個人藉著個人、家庭藉著家庭、教會藉著教會，一直到地極會興旺時代性的福音事工。一個偷了主人財物而逃走的奴隸阿尼西母，在羅馬的監獄裡遇見了傳福音者保羅，結果原來完全「無益」的一個人變為對天國福音「有益」的人了。另外一個生長在基督信仰家庭，從小學習神的話而長大的青年人提摩太，也因遇見了福音人保羅之故，成為世界福音化的主角，能勝任拯救時代的大事工了。

　　因為神時常同在、賜能力、安排貴人、賜福，聖徒隨時隨地無論遇到什麼事，都能得勝而得著冠冕！亞伯拉罕藉著妻子撒拉去世的哀慟之事，卻獲得了迦南應許之地，能成全那永遠祝福他的一切信心的後裔之非常重要的事，因而得著了永遠的冠冕。**惟有那些如亞伯拉罕一般，能相信神所賜絕對的話語和應許，每天從早到晚帶著這信心的眼光，發現神同在、引導、賜福的證據之人，才能享受已經在自己生命、生活、現場裡所隱藏之無限的福分，而能祝福一個時代，也能將豐盛的屬靈遺產傳授給自己的後代和將來的世代！**

第三十二章

神所配合的婚姻

亞伯拉罕年紀老邁，向來在一切事上耶和華都賜福給他。亞伯拉罕對管理他全業最老的僕人說：「請你把手放在我大腿底下。我要叫你指著耶和華——天地的主起誓，不要為我兒子娶這迦南地中的女子為妻。你要往我本地本族去，為我的兒子以撒娶一個妻子。」僕人對他說：「倘若女子不肯跟我到這地方來，我必須將你的兒子帶回你原出之地嗎？」亞伯拉罕對他說：「你要謹慎，不要帶我的兒子回那裡去。耶和華——天上的主曾帶領我離開父家和本族的地，對我說話，向我起誓說：『我要將這地賜給你的後裔。』祂必差遣使者在你面前，你就可以從那裡為我兒子娶一個妻子。倘若女子不肯跟你來，我使你起的誓就與你無干了，只是不可帶我的兒子回那裡去。」僕人就把手放在他主人亞伯拉罕的大腿底下，為這事向他起誓……　（創世記二十四章1～67節）

婚姻的重要性，我們無論怎樣地強調也都不會過分，因它決定二人一生的幸福、他們後裔的蒙福及未來永遠的基業。**神所喜悅並祝福的婚姻，乃是二人成為一體，在凡事上使他們得著永遠豐盛的基業，一生都能享受平安、幸福的心靈，能得著健康、長壽的福氣，蒙福的兒女藉他們而來，也能享受豐盛財物的福分，一切的災殃和困難避開他們家庭而過去，許多貴人來接觸他們的家庭，並且藉著他們，他們所在的家庭、地區和時代都因他們而蒙受祝福。**他們能得著像以撒、雅各、約瑟般蒙神祝福的兒女，也能得著像摩西、大衛、但以理、保羅等能祝福一個時代的後裔。因此，他們離世之後，那因他們二人生命成為一體而留下的生命產業，將永遠無限地枝繁葉茂並結實纍纍地擴展出去。

相反的，神所不喜悅的婚姻，則會驅使二人的一生快快進入破滅裡，憎恨、掙扎、爭鬥在他們之間從不停止，凡事不如意，結出離別、破壞、後悔等的果子，他們的後裔則活在黑暗裡，並又造成更幽暗的後裔。因此，**神非常看重婚姻，因為婚姻就是兩個靈魂的結合，兩個生命擁有的福分和基業的結合，也是兩個生命的另一次重生，並會帶來千代萬代後裔的蒙福，也會敞開永遠的新時代。所以神願意親自作媒，並盼望自己能成為新家庭的主人。**

本章的主題經文，透過信心之父亞伯拉罕如何為兒子以

撒尋找媳婦與他結合的過程，明確地啟示神所賜福最完美婚姻的模式。從中我們會看到父親迫切的禱告、結婚當事者二人的禱告和順從、擔當那神聖事工的僕人的禱告和忠誠、周圍家族和親戚的禱告和祝福，同時也會看到神細密的安排、帶領和成就。本章創世記二十四章，是整個創世記五十章裡，節數最多的一章，由此可知神何等重視一男一女的結合，因此，**一個新家庭組成之前，聖徒必定要以本章所提示男女結合的原理，作為自己結婚的絕對原則。**當然，在聖經裡我們也會看到不少夫婦因家庭問題，反而帶來蒙恩的見證。但是我們要知道的是：他們不是因為有了問題的婚姻而蒙恩，乃是因為有了問題的婚姻而遇到了嚴重的問題，然後在哀慟之中，發現了神的憐憫和救恩，因而蒙受了神的恩典，並且從真正蒙恩的那一刻開始，他們的心懷意念產生了更新而變化，努力要丟棄老我，並要與世界分別，順從了神所定這聖潔婚姻生活的原理，因而蒙了大恩。

我們在聖經裡，以及人類歷史中，從未發現任何一個按著聖經的原則而結合的夫婦，他們沒有蒙恩反而遇到問題的例子。因此，無論時代和風俗怎樣改變，神，都從未改變，並且人生命的屬靈原理也沒有改變。但如今的異性觀、婚姻觀和家庭觀的混亂，從未有一個時代是像現在如此混亂。因為在完全離開神的狀態中，人們都僅僅看到人的條件而結合來

經歷婚姻生活，但這並不符合神所定的蒙福的婚姻模式，所以這時代的男女結合，不僅不能成為祝福的開始，反而成為夫婦問題、兒女問題、家庭和社會問題的開始了。

藉著今日的聖徒，神要給我們恢復健康、幸福、美滿的婚姻生活；不管過去我還未蒙恩之時的婚姻生活、家庭生活的條件或情況是如何，神有能力將任何惡劣的情況都改為蒙福的見證。不管我們如何軟弱又無力，只要我們願意，愛神、順從神這件事情是可以做的。蒙神揀選並能愛神、順從神恩典的人，無論他所處的情況和條件是如何，神那膏抹、潔淨、醫治、賜福的工作會迅速地進行，使他能成為時代的見證。

1.「婚姻」是帶有應許的奇妙結合

透過創世記二章18至25節，我們看到神在太初創造第一個男人和第一個女人的過程，以及神所賜給他們的應許，我們會知道男女結合的奧祕。最初的二人亞當、夏娃本來都是從一位父神而來，並且因為他們是照著父神榮耀的形像而造的，所以他們都擁有永遠的生命和應許。他們二人本來源於一體，後來分開成為兩個個體，最終又結合成為一體。夏娃的身體乃是從亞當的身體取出，因而亞當將她取名為「女

人」（woman），雖然二人各帶各體，但是又要成為一體的一個生命，並且生養眾多繼續擴展成為千萬個生命，來成全神永遠的計畫。神賜福給他們說：「要生養眾多，遍滿地面，治理這地，也要管理海裡的魚、空中的鳥，和地上各樣行動的活物。」（創世記一章28節）這應許的成就，就在一男一女結合的奧祕裡。

我們將神的話所啟示的內容，可整理出三個婚姻原則：

（1）蒙福的婚姻必要成就在神裡面，二人的結合必要在神所安排、神所配合的信心上面建立起來。

雖然看起來好像是一男一女有一天偶然遇見，彼此相愛而結合，事實上，在背後帶領整個過程的，就是神自己。他們二人的生命是神所造的，在同一個時代出生、長大、見面，並藉由神的安排讓二人結合，接著新生命出來，那些新生命又離開父母，建立另一個新的家庭，而又生養繁盛，這整個過程中，都有神的安排和帶領，所以馬太福音十九章6節說：「神配合的，人不可分開。」惟有蒙恩而認識神、認識福音的聖徒，才能因發現神細密的帶領而感恩，也能按著神所定男女結合的原則而結婚，遵循著幸福家庭生活的原理而生活，進而蒙受神的洪恩。惟有那些在神

親自作媒而配合的信心裡面建立的婚姻，才能在後面的夫婦相處、生養兒女、事業和事奉的生活裡，發現神的理由和計畫。

（2）**婚姻不僅僅是二人肉身的結合，還是擁有神形像的兩個靈魂的結合，也是二人所擁有永遠的時光的結合，以及二人永遠的基業和冠冕的結合。**

夫婦生活就是二人用一輩子的時光，越來越多認識對方的過程；蒙恩的夫婦，能每天從配偶的生命裡，發現以往所沒有發現新的認識，因而讚美神、讚美配偶。

婚姻生活就是：二人從新婚期那時開始每日彼此多認識，而漸漸二人完美地結合，靈魂體成為一體的日子；經過懷孕、生育的過程，彼此多發現對方生命裡所潛伏著的父愛、母愛的彰顯而驚歎的日子；接著兒女們漸漸長大，人際關係擴展，事業也發展，逐漸進入中年期的時候，又發現二人生命成熟、安定而美麗，而彼此敬畏的日子；當進入老年期的時候，看見兒女結婚，生養孫子、孫女，感謝神賜給他們夫婦一輩子的恩典和生命的果子，又期待著將來永遠要享受的基業、冠冕和永遠新事的日子等等。

因此一對在神恩典裡恩愛生活的夫婦，他們的一生中，會繼續不斷地彼此多發現、多認識、多結合；當他們的日子亨通的時候，因看見配偶的喜樂，而能享受加倍的喜樂；當經過苦難的時候，更透過二人緊緊地成為一體，在打仗的過程裡，而享受更大的安慰、盼望和成熟。

（3）**在神的恩典裡結合的夫婦，擁有著神所賜時代和永遠的應許，並且在他們一生的日子裡，在他們千代萬代的後裔裡，會看見其應許的成就。**

夫婦一起共有神永遠的基業和冠冕，他們成聖的過程和生命的見證，就是他們永遠的冠冕；因他們二人的生命成為一體，所生養眾多的兒女和後裔，也是他們永遠的基業和冠冕；他們的家庭事奉及在教會的服事，所產生的地區福音化、世界福音化的事工和果子，就是他們將來要領受永遠的冠冕了。特別像百基拉、亞居拉夫婦，培養出許多福音門徒的夫婦，他們的基業和冠冕將會永遠發光，也會永遠發展的。

在創世記十七章裡，神將亞伯蘭的名字改為「亞伯拉罕」（多國之父）的時候，同時將他的妻子撒萊的名字也改為「撒拉」（多國之母），神賜福他們說：「國度、君王、

子民（後裔），都將從你們而來。」因此，今日無論是哪一對夫婦，他們能相信那位祝福和帶領亞伯拉罕、以撒、雅各的神，就是今日祝福和帶領自己夫婦生活的神，進而帶著亞伯拉罕、撒拉所帶著的生命目的、內容、方法而生活的夫婦，都能成為多國的父、多國的母，而成為今日的「亞伯拉罕」和「撒拉」，他們也必將會看見那名字的成就。

2.神親自作媒而設立的家庭

蒙恩的人在凡事上期待神的恩典，用蒙恩的方法：禱告，做一切事，而能享受神豐盛的恩典。亞伯拉罕在一生中的一切事上都能看見神賜福的祕訣就在於此。在被稱為「多國之母」的妻子撒拉離世後，亞伯拉罕為著將來繼承撒拉位置的兒媳婦認真地禱告了，他靠信心決定的原則是：

（1）必要得著神親自所預備的兒媳婦（參考創世記二十四章7節）。

（2）必要在自己的故鄉、自己親族中擁有應許的血統裡得著（參考創世記二十四章3～4節）。

（3）必要將那兒媳婦帶到應許之地迦南地來（參考創世記二十四章5～8節）。

他叫管理家庭全業的最有經驗、最信實的僕人來擔當這

件大事，並且叫僕人把手放在他的大腿底下，也就是他的生殖器上起誓（當時為最重要的事情起誓是如此做）。

對要得著蒙福婚姻的人來講，亞伯拉罕所定的這原則是絕對的。要深信配合一男一女為夫妻的神，要完全信靠祂，並為看見神的引導，在整個過程裡，必定要用禱告來進展。也必定要在領受福音而重生並認識神的人當中尋找婚姻對象。重生的人和還未重生的人，因為二人的靈彼此不同，他們的身分、歸屬、目的、內容、方法也都會不同，所以他們無法靈、魂、體三方面都完全的結合，因此他們必會在矛盾、掙扎裡過夫婦生活。雖然也有結婚後才相信福音而重生的可能，然而帶著非信徒配偶的聖徒，則必要面對一生的十字架和不能共有永遠基業的危險。並且一對蒙恩夫婦的結合，就像亞伯拉罕將兒媳婦帶到應許之地，必要在神所賜永遠的應許裡面建立。在一個新家庭建立的時候，最重要且關鍵性的就是新家庭設立的目的和異象。那目的和異象必定是有關於領受永遠的天國、基業、冠冕的事，並且將來家庭裡要做的一切事情必要與這異象有關係，並要好好教導傳授給兒女和後代來繼續發展。不建立在應許裡面的家庭則很快就放肆而變為屬世，而他們的信仰生活就成為形式化的宗教生活，絕對不能看見神的引導和祝福。有信心的父母在尋找兒女配偶的事上，必要用亞伯拉罕所定的原則進行；將來要結

婚的聖徒也必須在這原則裡禱告，接受神的引導。

　　亞伯拉罕的僕人也是個認識神、事奉神的人，所以他也用禱告的心進行這重要的事（參考創世記二十四章12～14節）。因為這是神的美意，所以他的禱告即刻蒙應允，遇見了神所預備的女子「利百加」，因此在每一步的過程裡，都能看見神細密的引領（參考創世記二十四章26～27節）。同時，神也打開利百加的心，並且當利百加的父親和哥哥聽到僕人有確信的見證的時候，神也賜給他們喜樂和同樣的確據。神所帶領的結合，是在周圍愛他們的人們的共同祝福之下，非常順利地進行；父母、兄弟、特別屬靈領袖為二人的祝福禱告，神必應允，所以結婚之前的男女，將他們的認識、交流、談戀愛，直到決定的整個過程，必要告知家長和愛他們的長輩，而要努力得著他們的許諾和祝福；同時在家族、教會的肢體、親友等的見證和他們的祝福之下，舉行正式的結婚典禮，也是非常重要的。通常在周圍家族很強力地反對的情況下，特別是在主裡有裝備的牧師、長老們反對之下的婚姻生活，很難看見神的賜福。若遇到這種情況，最好慎重檢討二人的交往，是否是神所喜悅的關係，或者需要等候父母和家人許可祝福二人交往的時間表到了，看到神所引導的證據後，再決定是否繼續進一步深入交往。

　　亞伯拉罕的僕人帶著利百加回來的時候，以撒正在禱

告。神感動了以撒和利百加二人的心，賜給他們彼此相愛的心，以撒將她帶到母親撒拉的帳棚，娶了她為妻；以撒自從母親離世之後，至此才得了安慰。**神所配合的結婚，是男女都得著彼此相愛的心。在禱告之中遇見的配偶，則在相遇、談戀愛、結合的整個過程裡，都能看見神的引導，在神所賜的應許裡面建立家庭，在一輩子的夫婦生活裡，彼此努力察驗神的美意、計畫和時間表，進而順從神的帶領。**以撒和利百加結合為夫婦之後，就繼承了亞伯拉罕和撒拉的應許和基業，一生都看見了神所賜豐盛的恩典和祝福，甚至居住在他們周圍的君王和居民，也都在他們家庭裡看到了神時常與他們同在的證據，而向他祈求和親。就如同神所賜的應許，以色列國的十二支派及君王耶穌基督，都從他們而來，永遠天國的事工、地區福音化、世界福音化的事工，都藉他們的結合而成就出來。這樣的祝福，除了以撒、利百加以外，歷史上，凡建立在神所定的結婚原理上的家庭，都能得著而享受了，並且今日也在許多蒙恩的家庭裡，同樣地證明出來。

3.危險的時代,神所留下來而重用的「樹不子」家庭

就如耶穌基督所預言,那極其危險的時代已經來臨了,我們和我們的兒女就活在現今這種危險的時代裡。祖先、家門、家譜等等家族的觀念早已不見,世代和世代間的親長關係也越來越淡薄,大多數的家庭只剩下父母與兒女的二代關係罷了;甚至這二代的關係,也只限於兒女尚未長大,還在父母家中與父母同住的時期而已,當孩子們長大後,脫離父母的影響圈子的時候開始,父母與孩子的關係也就很快疏遠,實際上,經常維持有意義的接觸、來往、彼此影響的並不多,甚至還不如與朋友或同學、同事的關係來的頻繁。隨著個人主義、自由主義思潮的澎湃,潰滅了「傳統」和「保守」的最後堡壘;那些異性之間的神祕感、對結婚的憧憬及保持貞操、孝敬父母、生養兒女的責任觀等等的良俗,在這追求個人享樂、開放自由、快速變化的時代裡,已漸漸不見,甚至已經成為古時代的傳說了。男女關係,越來越傾向於衝動性、片段性、肉慾性;容易相遇、隨便結合、急促分手。以前時代私底下暗暗地進行的事,現在已經成為開放、普遍,甚至變為正常的事了。有兩個爸爸的男孩子和有三個媽媽的女孩子,彼此認識之後,還不到一個月,沒有經過結

婚典禮而同居，再過幾個月之後，很快地分手而去找另一個伴侶。批評這些敗壞世態的人，已經被視為時代淘汰者或舊時代思想者。這世界勢必越來越混亂，其風潮也必越來越危險，那「空中掌權者」——撒但的靈（邪靈），透過人的罪性，必會造成越來越幽暗的時代。神早就預告了這種時代將會到來，但神還是任憑如此敗壞的世界存在，其理由就在於——藉著這幽暗的時代，明確地分別出屬祂的永遠的子民，要速速地成就神永遠國度的事工。

在無論怎樣黑暗的時代，都會有神留下的「樹不子」（參考以賽亞書六章13節）。他們是每一個時代的主角，也是神所看重、所重用的少數的一群人，雖然他們生活在不同的時代，但他們的共同特色就是都經歷過重生（心靈活過來）、與神交通、與神同行，很清楚地與世界的敗壞和宗教的假道、偽善和死板分別出來。其實，自從亞當被邪靈欺騙而犯罪，成為肉體的時候開始，世界已經在審判之下，完全充滿了幽暗和罪惡。但神的目的並不在於潔淨這個敗壞的世界，從而建設一個理想的世界；神的目的只有一個，就是在這個充滿黑暗的環境裡，去拯救那些被祂揀選、屬祂永遠國度的子民，將他們與敗壞的世界分別，再給他們重生的生命，在黑暗世界的試探和試煉中，精煉他們成為聖潔，也用他們生命的見證，繼續召聚天國的子民，一直到得救的人數得到滿足為止。所

以，每個時代神揀選特別的人物，像挪亞、亞伯拉罕、摩西等，賜他們生命和應許，也賜福他們成為時代的見證人，藉著他們和家庭，建立神的教會，擴展神國度的事工。

在婚姻、家庭方面的事工上，神所預備的「樹不子」有兩種：一種就如前面所述，按著神所定男女結合的原理結婚，也在神所賜的應許上設立的家庭，神必賜大福，神用他們那種完美的生命及見證作為示範，使所有回到神恩典裡的神子民能有信心的榜樣。另一種則是有「浪子回頭」經歷的「樹不子」。我們細看聖經的時候，每個時代蒙神重用的「樹不子」，不一定都是出於完美的家庭裡，反而更多是出於有掙扎、矛盾、破裂的婚姻或家庭裡。在問題裡，他們對世界徹底的失望，並哀慟飢渴地追求神的恩典，進而分別為聖得著了重生的新生命，也恢復新生命所追求聖潔的新生活，在這整個的過程裡，他們會得著許多美好的見證；他們過去的失敗成為後面的成功，過去的徬徨變為永遠的堅固，內疚變為感恩，自卑變為能力，痛苦變為讚美……他們的條件、背景、經歷，都能被用於拯救、醫治在黑暗時代裡，有同樣失敗、受傷、哀慟的天國子民。

當代聖徒之中，也有不少因過去不認識或不順從神所定男女結合的原理，而得到只按肉體的情慾選擇配偶結婚而來的不好後果，他們也許目前正遇到很嚴重的問題，或正在經

歷很痛苦的夫婦生活。但無論他們的情況是如何，只要他們是真正蒙恩得救的神的子民，他們都有資格恢復神一切豐盛的恩典，甚至蒙主重用；他們能夠在他們過去的失敗經歷中，得著那原本隱藏卻能真正祝福萬民的答案。但是，我們常常會懷疑自己或不斷反問自己：「我是否是真正蒙恩得救的神的兒女？」蒙恩的人會知道自己所信的是什麼，並且知道那叫他蒙恩的信息是從哪裡而來，就如羅馬書十章13至17節所說，我們都是藉由神所差派傳福音的使者，聽到神的話，進而信道。因此一個蒙恩的生命有機會聽到福音，聽到福音之後，他會發現他的蒙恩是從下面幾點開始：

（1）原來自己的生命是完全墮落而無能的。

（2）世界是在完全離開神、不認識神的狀態之下，而且充滿了罪惡和虛空之事的。

（3）世界也是完全隨從空中掌權者——邪靈之首領的。

發現這奧祕的人，自然而然會領悟「人人需要基督寶血」的理由，而願意與基督同死同復活得著新的生命。凡領悟這叫人重生的福音之人，就已經有聖靈的印記在他身上，聖靈將永遠與他同在，並引導他的生命。所以重生的生命懂得丟棄自己的老我，在凡事上仰望神的恩典、保護、能力和引導，他將漸漸不愛世俗的事，反而會渴慕多得著天國裡的永生和永遠的基業，他會喜歡與神交通，凡事上發現神的慈

愛和恩典，也會喜歡為基督作見證。藉著他的生命和他的禱告，原來有許多問題的家庭逐漸恢復神的恩典，在家庭福音化的過程裡會得著美好的證據。從此開始，會看見神奇妙的帶領，他們家庭會遇見許多有問題的家庭，因他們家庭的見證而蒙恩得救、得醫治、蒙主使用的家庭會越來越多。對蒙恩的人、蒙恩的家庭來講，黑暗罪惡的時代卻成為他們多蒙恩、多得冠冕的好機會了，以賽亞書六十章1至5節所講的時代的祝福臨到那些「時代的樹不子」家庭裡。

聖徒要警醒，不要被魔鬼撒但繼續欺騙，我們要趕逐一切說謊之靈的暗示；無論我們目前的條件和情況如何，或無論我們是如何的軟弱又無力，我們有一件事情是可做的，就是「我們愛神，順從神」。透過愛神的心、尋找神的心、順從神的心，從天上而來的恩賜和能力能解決任何的矛盾和問題，也能敞開無限蒙福的門。神對自己兒女的憐憫和慈愛永遠無限，在渴慕父神恩典的人身上，神的幫助和恩賜會速速地臨到。只要我們願意來到神施恩寶座前，神所預備新的蒙恩時程表就開始展開。那些原來建立在神所定、蒙恩婚姻原理上的家庭，將會蒙神恩上加恩的福分，繼續在這時代裡作燈塔！那些從黑暗問題裡蒙神憐憫，發現過去自己失敗的理由，又發現了將來永遠成功的祕訣的家庭，則以過去的失敗作鑑戒，將自己的家庭堅固地建立在神的原則和基督應許的磐石上，他們的家庭將會成為一個時代的見證！

第三十三章

亞伯拉罕的一生

……亞伯拉罕將一切所有的都給了以撒。亞伯拉罕把財物分給他庶出的眾子，趁著自己還在世的時候打發他們離開他的兒子以撒，往東方去。亞伯拉罕一生的年日是一百七十五歲。亞伯拉罕壽高年邁，氣絕而死，歸到他列祖那裡。他兩個兒子以撒、以實瑪利把他埋葬在麥比拉洞裡。這洞在慢利前、赫人瑣轄的兒子以弗侖的田中，就是亞伯拉罕向赫人買的那塊田。亞伯拉罕和他妻子撒拉都葬在那裡。亞伯拉罕死了以後，神賜福給他的兒子以撒，以撒靠近庇耳拉海萊居住……

（創世記二十五章1～18節）

「我從哪裡來？往哪裡去？為什麼活？」這是凡來過這世界的人在一生裡無數次自問過的問題，也是人類哲學的開始和其所有的內容。人自己沒有能力找到答案，因為「人」不是自己造出來的，也不是按自己的意念來這世界的，更不能定自己想回去的時候、自己想去的地方就可以去的。惟有那位造了我們、差了我們到世界又收回我們生命的創造主，才能明確地告訴我們：「為何派我們到這世界，為何使我們活在其中，又要帶我們到哪裡去」的真正答案。事實上，人不根據神所啟示絕對的話語（聖經），只依自己的想像來尋找答案，雖經過幾千年認真的思考到如今，非但不能得到答案，反而自己造出許多宗教、哲學等諸多理論，結果只不過是引起不休的爭論和戰爭罷了！**但若我們謙卑下來，接受那位掌管時空和一切生命的神在還未創造我們之前早已為我們定的目標、計畫、時間表，並順從祂的引導，我們就能享受豐盛的人生。**

神透過亞伯拉罕一個人的生平，清楚闡明了人活在世界的終極目標。**人在世七十、八十年的目的實在不在於這世界本身，乃在於用一生的時光來準備永遠國度的生活。**簡而言之，**人被派到世界來之目的有三個：**

　　1.從敵對神的黑暗世界被分別出來得**重生**的生命。

　　2.在世界的試探和逼迫裡被精煉而得**成聖**的生命。

3.與神同行而結出生命的果子，得著永遠的冠冕和**基業**。

神並非不肯清除「魔鬼撒但的叛逆、亞當夏娃的失敗和他們後裔的罪惡，以及充滿整個世界的不認識神的思想、文化、宗教」，乃是「暫時任憑」這一切，直到天國子民的人數得到滿足的時刻；待時間一到，所有與永遠的國度無關的事都受審判而被燒掉，那時留下永遠被記念得榮耀的，只有聖徒的生命、永遠的國度和神所預備永遠的新事。

亞伯拉罕在地上的一百七十五年確實多事多難，但神透過那漫長的歲月和無數的事件，所要成就的其實只有三件事：

1.在七十五歲的時候，蒙召離開本地、本族、父家，移往神所指示之迦南地去（重生）。

2.在神所許可各樣艱難的日子裡，透過時勝時敗的過程，逐漸掌握神的美意而順從（成聖）。

3.在神所安排許多生活現場、人際關係、各樣遇見裡，能與神同行，從中（1）叫自己的生命更成聖；（2）事奉神、見證神；（3）留下應許之子「以撒」，使他繼承「基督、天國、子民」的事（基業）。

事實上，亞伯拉罕是一切蒙召聖徒的典範，他的一生涵蓋了：一個聖徒活在世界時，為得重生、成聖、基業可能遇

見的一切情況；神盼望當代聖徒藉著亞伯拉罕一生的啟示，能得著生命、生活的標竿，且能掌握在每天生活裡要得什麼。在提摩太後書三章14至17節裡也說：神用聖經的話語啟示給聖徒的目的，就在於「得救、成聖、做神所預備的善事」。因已正確得著人生目標和方向的人，他們的人生已掌握了百分之九十的成功，他們的生命、生活會單純、容易且滿了能力和果效。

1.重生

所有人都是亞當的後裔，因此都帶著罪根，都在不認識神的狀態裡出生；雖然，神時常與自己所造的宇宙萬物和凡有氣息的生命同在，並掌管時空裡的一切，又在一切受造物裡都賦予祂的目的和計畫，然而，還未重生的人卻不能看見和聽見與他們同在的神，他們的生活全然與神的目的和計畫無關。他們不認識造自己生命的神，因此也不認識自己是誰；也不知道這世界是什麼、將來會發生什麼事，只在世界的知識、風俗、宗教中糊塗地活著。所以「神的話」說：還未重生的人的屬靈光景，都死在過犯罪惡裡，隨從今世的風俗，順服空中掌權者邪靈的首領（參考以弗所書二章1～3節）。人自己無法認識神、遇見神，惟有神用「自己的話

語」向自己所揀選的子民顯明，也藉聖靈的幫助叫死的靈魂
甦醒，因此人的心靈能信神的話而接納、而遇見「是道（話
語）本身的神」和「是靈的神」，且能與神交通、同行（參
考約翰福音四章24節），尤其是當一個人相信以下所講基督
的道成肉身、死而復活、寶座掌權的奧祕時：

（1）耶穌基督道成肉身來世界，將看不見的神的形像顯
　　　現出來（今日，這位道成肉身的神依然住在聖徒的
　　　生命裡）。

（2）耶穌基督為自己的身體（聖徒、教會）在十字架上
　　　死而復活，因此信祂的聖徒已經永遠解決了一切有
　　　關罪的問題，同時恢復了永遠的生命、身體、歸
　　　屬、權柄、基業。

（3）耶穌基督已坐在寶座右邊，掌管了天上地下所有的
　　　權柄，打破了叫人犯罪且晝夜控告人、欺騙人、殺
　　　人的撒但的一切權柄。

　　當人發現神永遠無限的大愛和祝福，願意將自己的老我
釘在十字架上、與耶穌基督同死同復活、為要得著新生命的時
候，聖靈就內住在那人的生命裡，使他的靈魂活過來，這就是
「重生」的奧祕了。所以，從未有機會聽福音，或者聽也無
法瞭解而信的人的心靈，仍是在「死的狀態」，絕無法遇見
那位以「道、基督、聖靈」來到我們中間的神。

　　有一天，神向亞伯拉罕顯現，說：「你要離開本地、本族、父家，往我所要指示你的地去。我必叫你成為大國。我必賜福給你，叫你的名為大；你也要叫別人得福（使你成為「萬福之源」）。為你祝福的，我必賜福與他；那咒詛你的，我必咒詛他。地上的萬族都要因你得福。」（參考創世記十二章1～3節）從亞伯拉罕真正相信神所講的話的那時刻開始，亞伯拉罕的生命完全改變了。對他而言，神不再是自己從父母那裡間接聽過或自己想像中的那位，乃是在永遠以前已經愛自己、祝福自己又為自己預備了永遠計畫的神，更是創造了自己，因祂的大愛安排了自己的出生、成長背景的神。以前只是靈眼被蒙蔽不能看見而已，原來祂時常與自己同在，將來也永不離開，永遠同在同行，凡事上引導祝福自己的神。

　　從他聽到、信到的同時，他對自己的看法也完全改變了，自己的生命原來不是過去自己所認識的人，乃是神的兒子、神的後嗣、神的形像，擁有神永遠計畫的「萬福之源」；生命的動機和目標也從自我為中心、世界為中心，轉向永遠的神和神的國度；生命的內容也改為神所賜的世界觀、歷史觀、價值觀、人生觀；生活的方法亦不再隨自己的意思或靠自己的能力而活，乃改為尋找神的引導而順從的方法；屬靈的眼光打開了，現在能看見時常與天地、宇宙

萬物、自己生命同在的神；屬靈的耳朵也開通了，能聽見時常藉著宇宙萬有的法則、真理、聖靈繼續不斷說話的神的聲音；他的生活也活過來了，時常與神同行，能做神為他安排的善事，而結出美好的果子。在亞伯拉罕身上發生的這事件就叫「重生」。**那已經活過來（重生）的新生命不會再死去，已打開的眼光不再被蒙蔽，已開通的耳朵也不再發沉，一次重生，就是永遠重生了。**

這發生在亞伯拉罕身上的重生事件，與發生在所有聽見基督福音而相信接納的聖徒生命裡的事件，是完全一模一樣的。有一天遇見了福音的使者而聽見福音，看起來似乎是偶然，但一個人能聽福音、信福音的整個過程，就是看不見的神全備的安排之下所成就的，且聽到的信息，就如同亞伯拉罕當年聽過的神的話一樣，都是從耶和華神口裡說出來的話。那人信福音信息的同時，他的心靈就活過來，他的眼光就被開啟，他的耳朵也被開通，就能看見聽見神，且能與神交通了。在那時刻，他已經遇見了以「福音信息、基督、聖靈」來顯明，創立世界之前愛自己、賜福與自己、掌管自己一切的那位真神。他的生命因著更清楚領悟「神的話」（聖經）所說明的神、蒙愛的自我、世界和天國、神永遠的計畫等奧祕，就逐漸得確據而恢復自己新的身分、歸屬、關係、目的，權能、基業、方法等，他永遠的未來，也必按自己

所信和所盼望的成就出來。因此，**重生就是神親自策劃、進行、成全的創造性的工作，叫死人變活人的奇妙工作**。然而，當代有些聖徒尚未深深經歷到重生的感激，也不能豐盛地享受重生所帶來天上、地上、永遠的祝福，是因尚未領悟神用聖經的話語、基督的樣子、聖靈看不見的方式來顯明的奧祕。當他能掌握重生的奧祕而得著重生確據的同時，他就能看見並享受重生所帶來的豐盛祝福，而成為有能力的聖徒。

2.成聖

亞伯拉罕的一生，就是持續成聖的過程；亞伯拉罕透過以祭壇（禱告）為中心的生活，越來越明白神呼召他的美意。藉著禱告生活，他聽到了神向他所講更具體的信息，也能相信而順從，因此他的生命越來越恢復神的形像，越成聖就越享受神的能力和祝福。因為神與他同在並引導他，所以，他所擁有的一切條件、所遇見的一切事情都是神所安排，也都是神要聖潔他、祝福他的工具。因神為他所定的目的，絕不單讓他在這世界享受舒服的生活，更是在永遠的國度裡享受無比的福氣，所以重生之後，他在地上的餘生，就是持續經歷各樣訓練、試煉、磨練的日子了。揀選他為「萬福之源」的神，許可給他各樣艱難的事，是要藉著那些被

試煉、磨練的過程，使他成為真正名實相符的萬福之源。在旱災裡，他看見了成為他盾牌和賞賜的神；在人際關係的矛盾、掙扎裡，遇見了賜下東西南北之福的神；在戰爭的危機裡，享受了得勝的神；在無後嗣的焦急裡，領悟了神所定的時間表；在分手的痛苦裡，發現了神所預備更美的計畫；在獻上獨生子為祭物的試驗裡，經歷了耶和華以勒——神的完全預備和無限慈愛與祝福。他所以能將自己所遇的試驗、試煉改為加倍蒙恩的祕訣，都在於他每天享受以禱告祭壇為中心的生活。他的禱告不只是努力認真祈求什麼的禱告，乃是：

（1）深信神的話和永遠的應許，使之成為自己的定見。

（2）無論何時、何地、何情況，他努力用神所賜給他的定見來察驗神的美意和計畫。

（3）在生活裡，努力「順從」而禱告。

在禱告中他的生命繼續被「神的話」光照，信心越來越得堅固，他所享受的自由、平安、喜樂、盼望也越來越豐富了。透過禱告，他具體地發現神的引導，也確認神的作為和成就，因此能享受在問題裡隱藏的答案和祝福。他用一生的日子，繼續成為聖潔，終其一生成聖的結果就近乎神的完全了。

重生的聖徒，雖然他已是神的兒女、天國子民、擁有神

一切豐富的蒙恩者，但他仍是剛出生的屬靈嬰兒，還需多學
習屬靈的奧祕，要逐漸成為能享受豐盛生命的屬靈人。他還
不懂神怎樣時常與他同在，什麼叫聖靈的感動，神如何向他
說話，要如何與神對話而在凡事上得著神的美意，神在自己
身上的計畫是什麼，神所賜的應許如何應用在自己的條件
裡，如何確認神的應許所成就的證據，如何掌握神在個人、
家庭、教會、事業上的時間表及將來會發生什麼。此外，更
要學習且經歷：在各樣的試探和試驗裡，如何帶著定見靠著
聖靈趕鬼，而隨時隨地享受天國；怎樣「靠著那加給我力量
的，凡事都能做」（參考腓立比書四章13節）等的奧祕。當
然，還未重生之前，他生命裡的那些律法傾向、神祕傾向、
人為傾向的眼光和體質，必要改為福音化、實際化、神為化
的體質，才能在日常生活裡實際地享受基督所帶給他的以馬
內利的生命、完全的權能的得勝、生活事奉的美好果子。

　　學習這些屬靈奧祕而享受的祕訣，就在於：

　　（1）帶著純正的心靈學習、領悟、深信、確認神的話。

　　（2）漸漸除掉「老我生命」裡的無知、誤解、疑惑、不
　　　　　順從，使神的話成為定見、思想、體質、習慣。

　　（3）在凡事上能明白掌握神的美意而順從。

　　所以，**沒有一個成聖是不經過常常與神對話的，若是不依
靠神絕對的話語和聖靈的感動，沒有一個禱告會蒙應允；同樣**

的，若禱告之後沒有生活裡的順從神，仍然無法看見神繼續的
引導和新的恩典。事實上，真正的成聖不應只追求敬虔的言語
和行為，更要追求越來越愛神、喜歡與神對話，讓神的目的、
權能和成就都恢復於生活裡。「成聖」是一個重生聖徒在其餘
生裡，透過他所遇的一切事而進行的；而成聖的最高目標，就
是那無有瑕疵的基督完全聖潔、充滿榮耀的形像。

3.基業

　　亞伯拉罕，他整個生命本身就是神自己擁有的神聖基
業。他的生命有神永遠的目的和內容，他的生命繼承了亞當
以來蒙恩的家譜中亞伯、以諾、挪亞、閃⋯⋯的基業，而在
他的生平裡發展神永遠的計畫「（1）基督；（2）子民；
（3）天國」的事工。又將那永遠的基業留給應許的後裔以
撒、雅各、以色列而回到天上的列祖那裡。

　　在他七十五歲的時候蒙召，離開本地、本族、父家而遷
往迦南地——藉著基督要完成永遠救恩的地方；經過二十五
年各樣信心的操練，在一百歲的時候生了繼承他基業的以
撒；在一百十五歲的時候，為了獻上自己生命一切的一
切——以撒，而登上摩利亞山，在那裡得著了神所預備永遠
的祝福和勝利；到了一百三十七歲，他的妻子撒拉死的時

候，買了自己和妻子的埋葬地「麥比拉洞」（迦南地的中心），而接受迦南地為自己和後裔的基業之地；又於晚年，叫眾庶子離開應許之子以撒和迦南地，好將自己一生的遺產和永遠的基業，全部留給以撒和藉著以撒而來的應許後裔（參考經文創世記二十五章5～6節）。他所傳承的產業就因此透過以撒、以撒的兒子雅各、雅各的眾子以色列十二支派而連結於耶穌基督，也藉著基督的十二使徒，傳給在列邦萬民中神所預定相信基督的子民（聖徒），直到今日，這永遠的基業仍將繼續擴展到「得救的人數得到滿足、基督再臨、新天新地到來」的時刻。

像亞伯拉罕一樣，**一個重生的聖徒，他的全生命本身就是神的基業**。他的生命如同連於葡萄樹上的枝子（參考約翰福音十五章1～9節），繼承了過去歷世歷代所有聖民發展的基業（神的基業），又在自己一生蒙恩的日子裡，繼續從天上寶座支取各樣恩賜和賞賜而成長（參考雅各書一章17節）。又由他成長的枝子結出豐盛的果子來，而且新的枝芽繼續長出來，生養眾多的工作就不斷地擴展下去。這是何等奇妙的奧祕呀！所以，一個蒙恩的聖徒，他重生之後留在地上的時光，就是神所賜無限的恩典了。在他一生裡，生命成聖而結出的內在果子——美麗、聖潔、能力……等，是他的基業；透過他的生命生而養育的兒女亦是他的基業，又藉著

他一生的生命事工，生而培養出來的聖徒和門徒更是他的基業，是他一生的冠冕了。待他離開世界之後，他的生命所留的果子和遺業都將繼續生養眾多、發展繁盛，那一切都是他在神的恩典裡所領受永遠的基業和冠冕；因此，**每個聖徒所擁有的一切背景、條件、才幹、能力、時間及他所擁有的人際關係（生命聯絡網），及他所遇見的現場和事情，都絕非偶然，都是神為永遠國度而預備的基業。**

因此，凡蒙召的神的子民，知道了神永遠的美意（福音）而相信羅馬書一至十一章的結論，就當將自己生命的一切當作「活祭」獻給主（參考羅馬書十二章1節），這活祭的生命生活是指每天二十四小時在凡事上繼續察驗何為神純全、善良、喜悅的旨意且歡喜順從（參考羅馬書十二章2節），其內容已在羅馬書十二章3節至十六章27節詳述了。更在以弗所書裡非常清楚地啟示其奧祕說：在創立世界之前蒙揀選的聖徒生命，已承受了父神永遠的大愛，也與基督同死同復活而擁有聖靈的印記，要享受神所賜無限的指望、基業、能力（參考以弗所書一章），他的生命已完全連結於神，亦同時連結於以色列（參考以弗所書二章），故此，認識基督多少，成聖得能力就多少（參考以弗所書三章），認識基督的一切奧祕就在於他每天生活現場裡所遇見的凡事上，能以基督長闊高深的愛來察驗神的美意並順從（參考以

弗所書五章15～21節），同時說明了聖徒的現場就是教會現場（參考以弗所書四章1～16節）、獨處現場（參考以弗所書四章17節～五章21節）、家庭現場（參考以弗所書五章22節～六章4節）、事業現場（參考以弗所書六章5～9節）、地區現場和世界現場（參考以弗所書六章18～22節），能掌握這奧祕的聖徒實在是有福的生命，就如重用保羅一樣，神會大大重用他的一生。

　　一個人蒙恩得救的同時，他就擁有神永遠無限的基業了，也是繼承神的基業之「後嗣」。但對一個聖徒而言，最重要的基業，其實是在今日時光裡天天加增的基業，也就是現在自己所站的現場和遇見裡繼續擴大的基業。換言之，若沒有獲得「今日」、「這裡」所隱藏的基業，絕無法領取「明日」、「那裡」的基業。故此，那些時常埋怨自己的條件和環境而總以自卑、不滿的眼光來生活的聖徒，必時時刻刻失去非常重要的基業，而那些「已經掌握每日早上抓住神永遠應許來期待當天神所預備的基業，白天認真撒種養育，夜晚收割一天的果子，也一生能維持這樣日子」的聖徒，就像保羅一樣，必天天得永遠公義的冠冕（參考提摩太後書四章7～8節），且他所留的屬靈產業會藉著後來的世代永遠發展，也像燦爛的晨星一樣永遠發光。

第三十四章

除去心靈深處隱藏著的不信（神藉亞伯拉罕一生最強調的一個信息）

耶和華對亞伯蘭說：「你要離開本地、本族、父家，往我所要指示你的地去。我必叫你成為大國。我必賜福給你，叫你的名為大；你也要叫別人得福。為你祝福的，我必賜福與他；那咒詛你的，我必咒詛他。地上的萬族都要因你得福。」……

耶和華的使者第二次從天上呼叫亞伯拉罕說：「耶和華說：『你既行了這事，不留下你的兒子，就是你獨生的兒子，我便指著自己起誓說：論福，我必賜大福給你；論子孫，我必叫你的子孫多起來，如同天上的星，海邊的沙。你子孫必得著仇敵的城門，並且地上萬國都必因你的後裔得福，因為你聽從了我的話。』」……

（創世記十二章1～5節，十三章14～18節，十五章1～6節，十七章1～8、15～19節，二十二章1～18節，二十四章1節）

神賜給亞伯拉罕「我必叫你成為大國。我必賜福給你，叫你的名為大，你也要叫別人得福」的應許，然後直到如今四千年的歷史中，神將其應許都豐盛榮耀地給他成全了。

彌賽亞基督耶穌、以色列十二支派和基督的十二使徒，都從亞伯拉罕而來；神永遠的國度，都在從他而來的「十二支派和十二使徒（二十四位長老）」的基礎上建立起來；永屬於基督和基督國度的千千萬萬的聖民，也都從列國萬民中召聚而來了。誰能想到透過那種「彷彿已死之老人身體」生出來的子孫，如同天上的星那樣眾多，海邊的沙那樣無數。**神說，事就必那樣成就；但神必透過祂聖民的信心成就其事。**亞伯拉罕信神，神就以此為他的義（參考創世記十五章6節；羅馬書四章3節）。

亞伯拉罕能得蒙其榮耀的福氣，都是因著他的信心；但那信心也是神所賜的；所以，原來都是從神而來的恩典。既然原都是神所施的恩典，何必要講人的責任？神判斷人、賞賜給人的根據，從哪裡來？那就是人無法完全瞭解「屬於神境界」的奧祕了。但，我們知道神的審判和賞罰，是完全公平的，無一人或一天使能發現不公平之處。我們只能說，亞伯拉罕能得著，是因著他「信神和神的話而跟從神」；他能信從神，是因著他得蒙了神「跟他說話，給他應許，保護他的信心，給他成全」的恩典。

　　很清楚的一個事實，是凡「不信從神」的人則絕無法得蒙亞伯拉罕所蒙受的福氣和賞賜；所以，我們不要多關注人所測不透的「屬神的奧祕」，乃要關注「警醒謹守，努力尋求信從神的道路」。亞伯拉罕雖然努力信從神了，但他在信從神的道路上繼續顯出了「信得遲鈍和不完全」。神雖然必要成全賜給亞伯拉罕的應許，但亞伯拉罕的信心尚未達到完全地步的時候，神不能成就他的計畫，必要等到亞伯拉罕的信心「信得完全」之後才能成全；所以亞伯拉罕必要經過「信心被考驗、被精煉」的過程。這是在每一個聖民得蒙「神所賜的應許得成全」的過程上，絕不能改變的原則。

　　其事神所賜最大、最重要的應許，乃是「我必與你同在」！若看不見「現在神的同在和帶領」，就無法得見後面的成全；並且若沒有信心，就無法得見神的同在和帶領。神最看重的，不在於完成工作的結果，乃在於與我們相交同行的過程。亞伯拉罕找神的目的，尚未與神找他的目的相稱的時候，他就要經過一段成聖的過程。雖然亞伯拉罕信神，但有些「不信」仍然隱藏在他生命裡，因此神安排些事情來考驗他的信心，在其考驗的過程裡，使他發現「自己信心的不純正」，直到他全然信靠神，並單以得神喜悅為最大滿足的地步為止。對亞伯拉罕而言，他最痛苦的事，乃是「無子」的問題；所以，神以「兒子」的事考驗他。亞伯拉罕不夠明

白或不夠相信神的應許，因此他總是以人的方法要得兒子和繼承他產業的後裔。他認為姪兒羅得能繼承他，所以，神就許可有些矛盾在亞伯拉罕和羅得之間發生，使他不得已與羅得分手。羅得離開亞伯拉罕之後，神就再一次給亞伯拉罕確認永遠的應許，也大大賜福了亞伯拉罕（參考創世記十三章14～18節）。再過了一段日子，因為亞伯拉罕在仍然沒得兒子的情況之下，他那尚未達到完全地步的信心又開始被搖動了，他又要以忠僕「以利以謝」為自己的繼承人的時候，神矯正他的看法而說：「你本身所生的才成為你的後嗣。」（創世記十五章2～4節）然後神就叫亞伯拉罕預備牲畜，與他立了堅固的約。

後來，因為亞伯拉罕對神的旨意尚未明白，所以就接納了他的妻子撒拉所提出那種人為之法，靠著自己的能力，生了使女夏甲所生的「以實瑪利」，並認為以實瑪利乃是神要給他的兒子；但神說：「不然，你妻子撒拉要給你生一個兒子，你要給他起名叫以撒。我要與他堅定所立的約，作他後裔永遠的約。」（創世記十七章18～19節）然後神就改他的名字為「多國之父」，改撒萊的名字為「多國之母」，也叫他受割禮。亞伯拉罕雖然經過那些試驗，越來越明白神的旨意，逐漸恢復了正確的信心，但還有神所安排最大的試驗等候他。

　　神叫他將他所愛的獨生兒子「以撒」獻為燔祭。當他勝過那種極難的試驗，帶著兒子以撒站在摩利亞山上的時候，終於全然明白了神透過「所預備的羔羊」（基督耶穌在十字架上所作的挽回祭）向他和他後裔啟示的神的心意（福音）。他勝過一切試驗之後，他那移住在迦南地之時所得的應許（參考創世記十二章1～3節），終於得了「神向他所起的誓」（得了神的應許將必得成全的證據；參考創世記二十二章16～17節）。神為何要試驗亞伯拉罕？難道全知全能的神不知道亞伯拉罕的信心已經來到什麼地步嗎？當然神清楚知道。神試驗亞伯拉罕，並不是為著神自己，乃是為著亞伯拉罕；神盼望亞伯拉罕知道「他的信心是已經得蒙神的喜悅」的事實，好叫他知道神給他的應許將必成就，也叫他能勝過仇敵魔鬼一切的控告。

　　亞伯拉罕被稱為信心之父（參考羅馬書四章11節），並不是因為他的信心比其他聖徒更好，乃是因為神透過他的一生啟示了凡信耶穌基督的聖徒必要經過的「恢復信心的過程」。亞伯拉罕所得的應許，並不是比其他聖徒所得的更多、更美好；凡屬基督的聖徒，都與亞伯拉罕一同得了「在基督裡永遠榮美的應許」。

　　亞伯拉罕能得那種極美應許的根基，並不是由於他特別的虔誠，乃是由於「他就是個基督的身體」，是由於「為他

死而復活的耶穌基督」。加拉太書三章26至29節說：「所以，你們因信基督耶穌都是神的兒子。你們受洗歸入基督的都是披戴基督了。並不分猶太人、希臘人，自主的、為奴的，或男或女，因為你們在基督耶穌裡都成為一了。你們既屬乎基督，就是亞伯拉罕的後裔，是照著應許承受產業的了。」我們在主基督裡與亞伯拉罕一同得著的應許，何等美好，何等豐盛！

以弗所書一章18至19節說：「照明你們心中的眼睛，使你們知道祂的恩召有何等指望，祂在聖徒中得的基業有何等豐盛的榮耀；並知道祂向我們這信的人所顯的能力是何等浩大。」凡屬基督的眾聖民，一起共有如此豐盛榮耀之應許和基業的同時，每一個聖徒在不同的條件、人際關係和時代裡，個個都擁有著「屬於一個人並含著無限發展潛能」的基業。神在基督裡生了我們每一個聖徒，使我們成為祂的兒女，也永遠居在我們生命裡；為我們每一個人安排了人際關係、疆界和時光，也將神的話和永遠的應許賜給我們；天天造成新事來引導我們，使我們多多認識祂，多多享受與祂親交同行的福氣，榮神益人來多得永遠的基業。

無論哪一個聖徒，只要願意就能享受那從天而來「各樣美善的恩賜和各樣全備的賞賜」（參考雅各書一章17節），隨時都能得著那從天而來的智慧（參考雅各書三章16～18

節），而能無窮地發展那永屬自己的產業。**神的話，是聖靈所感動、所默示的，所以，凡信神的話的就必得著聖靈，他們所信的神的話，必在他們生命裡顯出「又活潑又有功效」的能力；一點一畫也不廢掉地都成就在信從神的話之人的靈魂體、關係、生活和永遠的日子裡。**主說：「人若喝我所賜的水就永遠不渴。我所賜的水要在他裡頭成為泉源，直湧到永生。」「信我的人就如經上所說：『從他腹中要流出活水的江河來。』」（約翰福音四章14節，七章38節）「信的人必有神蹟隨著他們，就是奉我的名趕鬼；說新方言；手能拿蛇；若喝了什麼毒物，也必不受害；手按病人，病人就必好了。」（馬可福音十六章17～18節）

　　一個人，若真按神的話所揭開的「神親自所生的兒女」來看自己的身分，看自己與神的關係，他就會得如何神蹟般的靈魂和眼睛？他若真按神所賜永遠的應許看自己永遠的未來，堅定自己終身的標竿（恢復基督；四大福音化），他就會如何清楚地得著聖靈在凡事上的指教和所賜的能力？他若真信「神與我同在，每天凡事上引導、供應、幫助我」來察驗其證據而遵從依靠神，神的權柄和能力會如何顯在他的眼光、做法和言語裡？

　　人的問題，都來自於「不明白、不信從」神的話！很多信徒雖然說他們信神的話，但不照著所信的事實來判斷、做

事、說話（參考希伯來書四章1～2節）。知道真理和順從真理，是兩個不同的事。知道真理而不順從，就會遇到更大的矛盾。他們以為他們信真理，但信真理的能力和功效不顯現在他們生命裡。他們說他們信主，但主尚未成為他們生命生活的主；明明知道他們看不見、聽不見主，但仍然不尋找認識主的道路。剛剛信主之時認識主的程度，和信主幾十年之後認識主的程度沒有什麼進步。他們從未察覺到「他們的心靈是何等不正直、不清潔」的事實。人要脫離那「不信」的屬靈問題，必要恢復三個必須要件：第一，要恢復正直的靈、清潔的心，凡不正直的心靈不能看見、聽見神；第二，按所信的真理事實，要得著基督思想系統和正確的眼光，得了這眼睛才能明辨神在凡事裡的旨意；第三，必要順從神的旨意，在順從神的過程裡，才能更清楚認識神，也能得更明亮的眼睛。三個都是非有不可的恢復，但其中最要緊的，還是「恢復正直清潔的心」；如何才能得正直清潔的心靈？首先，要明白耶穌基督十架福音的精義；福音是神心意的顯明，是一套悖論（paradox），世人的智慧、世上有權有位的人則無法明白的；惟有神所揀選的聖民才能明白其精義。基督十架福音的精義，就在於：

1.沒有義人，連一個都沒有，人人都死在過犯罪惡中。

2.惟有信「與基督同死同復活，才能得基督裡新造生

命」的人，才是神的兒女。

3. 神必保護、帶領、成全祂的兒女，所以重生的聖徒必
要察驗神的旨意而跟從神（不再依靠自己，乃要信靠
神，並要活出基督）。

**聖徒生命迅速得潔淨、得醫治和成長的關鍵，都與明白而
信從這基督十架福音的精義有密切關係。**聖徒重生之後，必
要懂得確認自己重生的靈魂與重生之前全然不同，也要認識
「住在我裡面，感動、指教、賜能力給我」的聖靈；然後必
要在基督裡生根建造，而要得基督的思想系統和眼光；然後
也要以基督身體、神兒女的眼光學習神的話，並要繼續學習
「凡事上察驗神的旨意而順從」。

**惟有神的話和聖靈，甦醒我們的靈魂，明亮我們的眼目，
潔淨我們的生命，因此我們要活在神的話和聖靈的光照裡。**

亞伯拉罕和羅得，是在同一個時代同蒙呼召的聖徒；亞
伯拉罕是成了後代和列國萬民的祝福，他屬靈的後裔如同天
上的星那樣的眾多；然而羅得，不但不能成為他後裔和多人
的祝福，卻一直生活在許多的矛盾和嘆息中。聖經特別強
調，他們二者的差異是從哪裡來，其差異就來自於「有沒有
以祭壇（與神親交）為中心的生活」。

亞伯拉罕，是無論到哪裡去，他都「為向他顯現的耶和
華築了一座壇（照著神向他說的話語和應許），求告耶和華

的名（與神交通同行）」了。

羅得，雖然他也是蒙神揀選的聖民，是在所多瑪城裡唯一的義人（參考彼得後書二章7節），但在他信仰生活裡根本沒有「建立祭壇，與神交通同行」的概念。

亞伯拉罕，他雖然恢復完整的信心之前，走了漫長的日子，經歷了很多不信所帶來的矛盾，但總是得蒙神的憐憫，靠信心能勝過一切的試驗，而能站在摩利亞山上，終於得了神給他的起誓。神對亞伯拉罕說：「你既行了這事，不留下你的兒子，就是你獨生的兒子，我便指著自己起誓說：論福，我必賜大福給你；論子孫，我必叫你的子孫多起來，如同天上的星，海邊的沙。你子孫必得著仇敵的城門，並且地上萬國都必因你的後裔得福，因為你聽從了我的話。」（創世記二十二章16～18節）若我們既是「在基督裡，與亞伯拉罕同蒙呼召的同一個基督身體（神的兒女；聖靈的殿；君尊的祭司）」，亞伯拉罕所受管於的那「蒙恩的原理」，也是我們今日要受的一樣蒙恩的原理；亞伯拉罕走過的那信心之路，也是我們今日當走的信心之路了。

我們要向亞伯拉罕和蒙恩的信心列祖學習，必要在基督裡建立與神親交同行的祭壇，一生都要以祭壇、肢體、事奉為中心生活；同時，也要看清「有何不信的屬靈問題隱藏在我生命裡」，並要盡快除掉那不信的劣根，而能得亞伯拉罕

在摩利亞山上所得「神的起誓」（不更改，將必成全；參考希伯來書六章18節），在有根有基的信心和確據裡，天天享受「有安息，有能力，繼續發展」的一生。阿們！

國家圖書館出版品預行編目資料

創世記與我 / 李徹著. -- 初版. -- 臺北市：天
　恩, 2020.07-
　　冊；　公分
　　ISBN 978-986-277-297-3(第2冊：平裝)

　1.創世記 2.聖經研究

241.211　　　　　　　　　　　　　109004014

造就叢書

創世記與我 ②

作　　　者／李　徹
企劃編審／薛曉霞、趙素雲
執行編輯／李懷文
美術編輯／林芳存
發 行 者／華府基督生命堂
　　　　　Christian Life Church Of Washington DC
　　網　　址：http://www.spring4life.com
出　　版／天恩出版社
　　　　　10455臺北市中山區松江路23號10樓
　　　　　郵撥帳號：10162377　天恩出版社
　　電　　話：（02）2515-3551
　　傳　　真：（02）2503-5978
　　網　　址：http://www.graceph.com
　　E-mail：grace@graceph.com
出版日期／2020年7月初版
登 記 證／局版臺業字第3247號
年　　度／29 28 27 26 25 24 23 22 21 20
刷　　次／10 09 08 07 06 05 04 03 02 01
ISBN　978-986-277-297-3
Printed in Taiwan.